基本功大赛视角下班主任的四项修炼

JIBENGONG DASAI SHIJIAOXIA BANZHUREN DE SIXIANG XIULIAN

周俊/著

ZHOU JUN

图书在版编目（CIP）数据

基本功大赛视角下班主任的四项修炼 / 周俊著 . -- 北京：北京师范大学出版社，2024.3（2025.4 重印）

ISBN 978-7-303-29175-5

Ⅰ. ①基… Ⅱ. ①周… Ⅲ. ①中小学—班主任工作 Ⅳ. ① G635.16

中国国家版本馆 CIP 数据核字（2023）第 112035 号

JIBENGONG DASAI SHIJIAO XIA BANZHUREN DE SIXIANG XIULIAN

出版发行：北京师范大学出版社 https://www.bnupg.com
北京市西城区新街口外大街 12-3 号
邮政编码：100088

印　　刷：天津旭非印刷有限公司
经　　销：全国新华书店
开　　本：710 mm × 1000 mm　1/16
印　　张：9.5
字　　数：160千字
版　　次：2024年3月第1版
印　　次：2025年4月第4次印刷
定　　价：58.00元

策划编辑：伊师孟　　责任编辑：赵鑫钰
美术编辑：焦　丽　　装帧设计：焦　丽
责任校对：陈　荟　　责任印制：马　洁

前　言

2022 年 11 月 9 日上午，浙江省中小学班主任基本功大赛颁奖仪式暨班主任风采展示活动在杭州市萧山区信息港初级中学礼堂隆重举行。受大赛组织委员会委托，笔者有幸作为评委代表在颁奖仪式现场以“做拨动学生心弦的班主任”为题，对选手们的赛场表现进行了简要的点评。尽管在颁奖仪式现场笔者点评的内容针对的是 2022 年浙江省中小学班主任基本功大赛中选手们的赛场表现，但事实上点评的主要观点均源自笔者作为评委十余年来亲历浙江省以及长三角地区中小学班主任基本功大赛的总体感受。故此，笔者认为将这次点评的内容作为本书前言，既有纪念意义，在内容上也是适切的。以下为颁奖仪式上笔者点评的主要内容。

2022 年 11 月 7 日至 9 日，101 名优秀的班主任选手齐聚在美丽的萧山，同台竞技，切磋交流，对带班育人过程中的典型案例和关键事件进行了精彩的分析和处理，充分展现了浙江省中小学班主任的爱与智慧。

班主任工作，因其特有的复杂与精妙而被业内誉为“拨动学生心弦的艺术”，这也是浙江省以及长三角地区中小学班主任基本功大赛的主题。只有拨动了学生的心弦，德育才能从外在的强制走向内心的自觉，才能真正从内心滋养学生，促进他们全面成长。从选手们的表现看，大部分选手掌握了拨动学生心弦的三个秘诀，拥有了拨动、拨准、拨响学生心弦的智慧与能力。

首先，拨动心弦的前提是拨准心弦，拨准心弦的前提是具有寻找、发现学生心弦的意识和慧眼。大多数选手面对复杂的问题情境，都能精确诊断、精准定位，敏锐地洞察学生思想深处不易为人关注的问题，找准拨动心弦的发力点。

其次，拨动心弦需要先进教育理论的指导和教育技能的支持。在大赛中，选手们展现了丰富的实践经验和智慧，熟悉当前主流的教育理念和教育方法，较好地将理论和实践结合，较为有效地化解了案例中各类棘手的困境与难题。

最后，用爱与责任实现同频共振，从而成功拨响学生的心弦。全国模范班主任任小艾说，真爱能够让人有智慧。当你没有任何私心地爱你的学生的时候，你的智慧会层出不穷。在赛场上，我发现处处都充盈着任小艾所说的这种真爱。无论是选手们全身心的投入，还是与助演老师们的真情互动，都体现了他们浓厚的爱心与高度的责任感。

我对大家有一点诚恳的建议：比赛不是班主任工作的全部，更不是终结。请大家牢记中小学班主任基本功大赛的宗旨，以赛促建、以赛促练，把在训练和比赛中的所得运用到自己每一天的带班育人实践中，继续拨动、拨准、拨响学生的心弦！

祝大家都成为幸福、智慧的班主任！

目 录 CONTENTS

第一章　讲好育人故事

班主任是中小学日常思想道德教育和学生管理工作的主要实施者，是中小学生健康成长的引领者和人生导师。由于角色的特殊性和职责的重要性，班主任必须具备超出普通教师的专业素养。相关研究表明，班主任除了必须具备一般教师需要具备的为人师表、教育责任感、关爱学生的能力、教育教学能力、专业发展五项“基础素养”之外，还应具备班集体建设能力、学生发展指导能力、教育沟通协调能力这三项班主任的“核心素养”。[①] 近年来，全国多地探索各种途径、尝试通过多种形式有效提升班主任的上述核心素养。在这些探索中，由上海市教育委员会、江苏省教育厅、浙江省教育厅、安徽省教育厅共同举办的长三角地区中小学班主任基本功大赛影响大、范围广、美誉度高，有力地推动了长三角地区中小学班主任的专业化发展。

举办长三角地区中小学班主任基本功大赛的目的是进一步增强长三角地区的教育合作交流，探索新形势下班主任队伍建设的新途径、新方法，共同推进班主任队伍的专业化发展。大赛从 2012 年开始，以 4 年为一轮，每年举办一届，分别由上海、江苏、浙江、安徽轮流作为东道主承办，截至 2022 年 12 月，已举办了 11 届。

虽然每轮比赛中，大赛组织委员会会根据中小学教育形势的发展及对班主任工作的新认识，对大赛的内容和形式进行一些局部的调整；但总体来看，比赛内容由“育人故事”“带班育人方略”“主题班会”“情境模拟”四个环节组成，这些环节是考察班集体建设能力、学生发展指导能力和教育沟通协调能力这三项中小学班主任必备核心素养的有效形式。

---

① 耿申、魏强、江涛等：《班主任的专业素养：基于实证研究的体系建构》，载《中国教育学刊》，2020（12）。

第一轮（2012—2015 年）长三角地区中小学班主任基本功大赛包括笔试和面试两部分。其中，面试部分的第一板块是“教育故事演讲”。第一届大赛对“教育故事演讲”的要求是参赛选手就班主任工作中亲身经历的教育案例以故事形式进行现场演讲，限时 5 分钟。故事可以提前准备，要求真实感人、情节生动，能体现班主任工作的教育理念、原则、方法和技巧，对班主任工作有启发意义。第二届到第四届大赛对“教育故事演讲”的要求由原来的“可以提前准备”变成了现场选择一个主题，讲述班级管理和学生教育中的故事，阐述其中的得失成败和个人的专业成长，要有真情实感并渗透相关的教育思想和理念。在第二轮（2016—2019 年）大赛中，“教育故事演讲”被聚焦班集体特色创建的“班级小论文评比”所取代。而在第三轮大赛中，育人故事强势回归，再次成为大赛的重要内容。这一轮大赛已完赛的三届比赛（2020 年上海赛、2021 年江苏赛、2022 年浙江赛）都要求选手提供育人故事文本和育人故事视频。文本与视频应主题一致，以讲故事的形式呈现，以第一人称流畅叙述。视频时长 5~10 分钟。

梳理这一历程可以看出，长三角地区中小学班主任基本功大赛极为重视考察班主任讲述育人故事的能力。

第一节　班主任为什么一定要讲好育人故事

一、育人故事具有丰富的教育价值

育人故事具有强烈的育人性。作为“与教育有关的故事”或者“有教育意义的故事”，育人故事具有完善道德人格、激发精神动力、引导人生规范的德育价值。育人故事具有吸引力，符合中小学生的道德判断水平和特征；育人故事包含了大量正面的人物形象和积极行为，能给学生提供良好的榜样示范；育人故事基本上都直接或间接地体现着基本道德准则和行为规范，能使中小学生了解、体验和认同社会基本的行为规范，促进良好品德的形成。正因为故事具有丰富的育人价值，通过读故事和讲故事的途径对中小学生进行道德教育的故事教育法成为品格教育的常用方法。

教育家苏霍姆林斯基也特别重视故事的德育功能。他说:“在关于人的美的观念中，占首要地位的是人的精神美——思想性、忠于信念、不屈的意志、同情心、对恶的毫不妥协的精神。我们通过鲜明生动的、富有思想性的故事形式，讲述精神美的人物，让人类在过去和我们今天所创造的一切道德财富进入学生的意识和心灵。这些故事使学生思想激动，迫使他们思考自己的行为。”在所有的故事中，他认为童话是思想的摇篮。他说:“亲爱的朋友、年轻的教育者，如果你希望你的学生成为一个聪明好学、富有想像力的人，如果你想使他的心灵对他人的各种细腻的思想和感情产生敏感性，那么，你就要用美丽的语言、好的思想去培养、唤起、激励和启迪他的智慧；而祖国语言的美及其魅力，首先是通过童话显示出来的。童话是思想的摇篮。”①

近年来，我国中小学也逐渐认识到故事的育人价值，开始有意识地开展对故事德育的探索。

二、学生都爱听育人故事

好的育人故事具有情境性、趣味性、生动性。情境性是指育人故事都有故事发生的具体环境和背景、鲜明的人物形象、丰富细腻的心理刻画，给学生以身临其境的沉浸感，容易让学生受到熏陶和感染。趣味性和生动性是指好的育人故事具有跌宕起伏的故事情节、引人入胜的悬念、生动活泼的活动形式，能够有效地激发学生的学习兴趣和探究愿望。故事的上述特征，使得以故事的形式承载的知识和信息更容易为学生所接受。从学习心理的角度看，学生思维很大程度上是一种叙事性思维。叙事性恰恰是育人故事的内在特征，是学生喜欢育人故事的重要原因。大量的实践表明，讲故事的教育效果远远胜过唠叨和说教，能够让教师自然而然地走进学生心灵。一份针对 108 名高中生的实验研究调研报告显示，高中生对德育故事存在着显著偏好。通过个案访谈和问卷调查的方式询问学生“是否喜欢德育故事”，结果约有 80% 的

---

① 蔡汀、王义高、祖晶:《苏霍姆林斯基选集（五卷本）》第 1 卷，245、680 页，北京，教育科学出版社，2001。

学生表示喜欢德育故事。[①] 柏拉图说：谁会讲故事，谁就拥有世界。在前述的对高中生的实验研究中，参与访谈的教师们一致认为：好的故事会获得学生更多的认同；给学生讲述德育故事的效果要明显好于说教或说理，学生很容易接受德育故事的结论；讲故事是一种让学生接受正确思想的好方法。

三、角色和职责要求班主任必须善于讲育人故事

班主任是影响学生健康成长的重要他人，担负着特别重要的育人职责。2009 年，教育部印发了《中小学班主任工作规定》，明确指出“加强班主任队伍建设是坚持育人为本、德育为先的重要体现”“班主任是中小学日常思想道德教育和学生管理工作的主要实施者，是中小学生健康成长的引领者，班主任要努力成为中小学生的人生导师”，要“加强中小学班主任工作，充分发挥班主任在教育学生中的重要作用”。长期以来，一部分中小学班主任具有这样一些特征：长于维护秩序、维护纪律，短于进行深入、细致的思想工作；长于说教灌输，短于呵护心灵与沟通交流；长于遵循常规经验，短于进行个性化的科学创新；长于承担传统责任，短于扮演现代角色。然而，在面临急剧转型和变革的当下，社会生活方式的剧烈变化，给中小学生的个性心理形成、品德发展带来了激烈的挑战。与此同时，当今的中小学生主体性和独立性很强，不迷信宣传，对灌输、说教较为抵触和反感。

这就要求班主任在德育的过程中，重新审视沟通、说服的方式方法，尽可能淡化教育痕迹，让德育真正达到潜移默化、入脑入心的目的。讲好育人故事是实现这一目的的有效途径。育人故事生动有趣，是中小学生喜闻乐见的形式；育人故事中蕴含深刻的人生哲理，可以让学生于不知不觉中增长人生智慧；育人故事具备的即时性和平等性能有效消除中小学生对说教的逆反和抵触心理。研究和实践表明，班主任善于讲育人故事，对改善当前德育困境、引领学生健康成长具有不可忽视的巨大且特殊的作用：讲故事有利于解决中小学生情感荒漠化、性格脆弱化、心理贫瘠化等当前存在的诸多问题。

① 房基、祁晶：《高中生对德育故事的偏好和批判精神的调查与思考》，载《中国德育》，2011（8）。

好的育人故事具有强大的教育力量。基于此，全国优秀教育工作者李镇西提出，孩子喜欢听故事而不愿听说教，这是每个班主任都明白的常识。善于讲故事对于班主任工作的意义不言而喻。班主任有许多基本技能，“善于讲故事”就是其中之一。这是基于他自己多年做班主任的实践经验有感而发的。张万祥更是向中小学班主任提出了这样的建议：“班主任应该牢记一百个承载英才睿智，启迪学子感悟，盈溢世人情感，饱含生活哲理，揭示成功真谛，歌颂理想信念的德育故事。”[①]

四、讲育人故事是班主任自身专业发展的有力抓手

近年来，中小学班主任的专业发展逐渐由被动、外在的理论灌输转向主动、内在的自主成长，强调在真实教育情境中寻找促进班主任专业发展的有效路径。在这一背景下，教育叙事因其与一线班主任实践性的工作性质高度契合，并能有效促进班主任记录和反思自身班级管理实践，日益受到中小学一线班主任的青睐。

教育叙事就是班主任用自己的话讲述自己的育人故事。一线班主任工作的实践性特征，让他们具备讲述育人故事的绝佳条件。对他们来说，记录、分析和反思班级焦点事件，是他们熟悉的一种言说方式。育人故事与一线班主任的日常工作、经验背景高度契合，在记录、分析和反思事件时，他们能够很容易地进入角色，找到感觉，自然地运用熟悉的思维和表达方式，自如地表达和交流。而且，由于育人故事源于班主任每天的工作，班主任每天的工作和生活与一个个精彩的班级事件联系在一起，因此，讲育人故事便成为一线班主任特有的成长方式之一，他们绝对有事可讲、有话可说、有感可发。

诸多研究和实践表明，讲育人故事是中小学班主任实现专业发展的重要阶梯。对于班主任个人来说，对育人故事的讲述，能够为自己提供记录班级管理实践经历的机会，丰富班级管理的默会知识。育人故事具有显著的反思性特征，通过讲育人故事，班主任能够有效地培养自身的反思精神，发展批判技能。通过反思来提高实际的教育与管理水平，是近年来教师培训理论研

① 张万祥：《班主任要善于讲故事》，载《班主任之友》，2009（3）。

究的重要发现。美国心理学家波斯纳提出了“经验 + 反思 = 成长”这一教师成长公式。教育叙事与经验性学习理论和情境性认知理论的观点相契合，本身就蕴含着反思实践的方法论因素，因此是一线班主任反思自身教育与管理经验的绝佳载体。在实践中常常出现的情况是，虽然某个班级管理问题被解决了，但教师很有可能并不清楚解决问题的真正原因，可能仍然停留在经验水平和自发状态。而通过讲育人故事，将这一事件进行记录和梳理，就为他们提供了进一步发现、思考问题，澄清认识的绝好机会。一旦讲育人故事成为习惯，这种持续不断的探究就会极大地帮助班主任深刻地洞察和认识班级管理过程中的重点和难点，有效地促进他们对自身行为的反思，不断、反复地梳理难以化解的班级管理难题，最终提升自己班级管理的专业化水平。

五、讲育人故事是班主任之间智慧共享的有效途径

如果中小学教师习惯于“单打独斗”，这种教师文化就会严重制约教育教学质量的提高和教师的专业发展。班主任群体也是如此。实践表明，举办育人故事讲坛、制定育人故事交流和研讨制度、组织基于育人故事的相关培训、适度组织班主任开展育人故事竞赛和评比活动，可以为一线班主任提供相互合作的环境、情感方面的支持和团队学习的氛围；讲述、聆听和研讨育人故事可以为班主任搭建彼此交流、智慧共享的平台，促使班主任专业学习共同体的形成，让个体知识经验有机会为大家所共享，实现传统学校文化中班主任无法达到的诸多教育和管理目标。

育人故事的分享交流对于班主任群体的专业发展具有极为重要的作用和价值。有班主任谈到自己在参加班主任培训时最期待的是听名班主任们讲育人故事:“在每一次班主任培训中，聆听同人们讲述自己的班级故事，总是让我特别地期待。这个时候，我从不觉得这是在培训，而是心与心在交谈，是一位位前辈、同行和我一起在‘班主任’这片天地里有滋有味地徜徉。”从别人讲述的班级育人故事中，她发现自己对平常的班级管理工作有了新的认识，认识到“班主任的工作原来挺有意思的，我也许还可以做得更好”，培训过程中偶然听到的一个育人故事“竟成为自己此后教育生命和专业成长中的一个珍贵契机”。在培训过程中，专家学者的数据分析、理论解读固然重要，

但“班主任是一个实践性很强的岗位，与其用深奥的理论引导各位班主任去分析解读、对号入座，不如用生动的事例引导班主任在比较中获得方法，创新解决”。[①] 还有班主任发出这样的感慨：倾听同行的育人故事，就像读一部“活教育学”，育人故事就是一部极好的“教科书”[②]……通过倾听同行的育人故事，班主任可以从中吸取教训、借鉴方法、学习理论、增长经验。从这一角度看，讲育人故事不仅仅是班主任个体专业成长的助推器，更应该且必须成为促进班主任群体专业发展的有力抓手。

第二节　优秀育人故事的特征透视

第三轮长三角地区中小学班主任基本功大赛重新将育人故事纳入大赛内容中，已举办的三届大赛在比赛文件中都清晰地列出了对育人故事的要求：主题明确、情节完整、结构合理，以第一人称撰写和讲述，能够激励人心、引发共鸣。文件还通过评分原则的形式对育人故事的上述要求进行了细化。

①主题明确：围绕爱岗敬业、价值观教育、班级管理、师生沟通、家校社共育、劳动教育、课后服务、生命安全与健康教育等展开，能彰显班主任人格魅力，体现班主任的专业素养和教育情怀。

②情节完整：有完整的故事情节，语言生动，能激励人心、引发共鸣。

③结构合理：以讲故事的形式呈现，能突出重点内容。

应该说，这些要求和原则在一定程度上为班主任讲好育人故事提供了准则和指南。但客观地说，文件中的这些规定，只是对育人故事规范的简要说明，只是底线要求。要想写出和讲好真正优秀的育人故事，就必须在遵循这些规定的基础上，再努力超越这些规定。

需要提醒的是，本书对育人故事的讨论基于中小学班主任基本功大赛的视角。从这一意义上看，本书提及的育人故事其实是班级育人故事或班主任育人故事。从比赛的实际情形看，有不少选手讲述的育人故事虽非常精彩和动人，但与班级管理和班主任工作无关，故事的情节并未体现出班级管理的

---

① 沈丹:《培训，最爱听那些班主任的故事》，载《班主任之友（小学版）》，2021（Z1）。

② 孙启民:《倾听同行的教育故事》，载《人民教育》，2004（10）。

内容，班主任的角色和班主任特有的作用也未能在事件中凸显出来。这种情况的出现，其实不能完全看作选手的疏忽，其背后深层次的原因是当前中小学班主任的专业发展略显不良。

在我国，中小学班主任都由科任教师兼任。客观地说，当前中小学班主任的专业性不强，专业地位不被学校和同事重视。这就导致一些班主任对班主任岗位和角色的认同度不高，缺乏专业自觉，更多时候对自己身为班主任的角色缺乏认识。因此，在对学生进行教育和引导的过程中，某些班主任常常不自觉地把自己等同于一般科任教师，对学生的教育也常常从学科教学的角度来开展和进行，忽略了在班集体中通过班级活动、与其他科任教师合作以及家校社协同等方式来育人。这样一来，这些班主任所讲的育人故事，就常常只是单纯的课堂教学案例，同时渗透了一点点学科德育的色彩。这样的作品当然也具有育人属性，也可以被称为育人故事，但不应该成为班主任所讲的育人故事的主流。这样的育人作品再好，也不能在大赛中获胜。

基于十多年担任浙江省以及长三角地区中小学班主任基本功大赛评委的经验，笔者认为，从中小学班主任基本功大赛的角度看，优秀的班主任育人故事总体上应具备强烈的育人性，这是班主任育人故事的根本体现。育人性越强，育人故事的质量就越高。具体地说，育人性主要体现在以下六个方面。

一、由班主任工作中常见且重要的教育问题引发

育人故事不是普通意义上的故事，它是班主任在带班育人的过程中，因班级管理或学生成长中出现了偏差、产生了问题而引发的思考。在评审的过程中，笔者听到了不少班主任讲述的故事，有很多也相当感人，但引发故事的主要问题并非班级教育问题。正如英国诗人约翰·多恩所言，没有谁能像一座孤岛，在大海里独居；每个人都像一块小小的泥土，连接成整块陆地。班主任在讲育人故事时确实需要选择那些与班级教育联系更为密切的事件，以确保故事的方向和性质不会偏离。

在大赛评审的过程中，笔者有机会评阅了很多优秀的班主任育人故事，这些故事总是紧紧扣住班主任工作中常见且重要的教育问题，具体如下。①家校协同缺失问题。比如，学生的妈妈离世，爸爸在外地工作，无法出席班

级举行的成长典礼。面对有心理落差的学生，班主任该怎么办？②班干部竞聘和任免问题。比如，开学之初，班主任为了调动学生为班级服务的积极性，推行了不拘一格选人才的毛遂自荐政策，成功地调动了学生竞聘和担任班干部的积极性。但很快发现，班干部不能胜任各自的职务，需要被撤换和调整。班主任该怎么办？③班级公正性问题。比如，班级同学认为班主任不能公平公正对待全体同学，明显偏爱某个同学。班主任该怎么办？④班级竞赛失利引发班级间群体冲突问题。比如，学校组织运动会，一班在拔河比赛中输给了二班。一班同学向班主任报告，“我们班同学和二班同学快要打起来了”。班主任该怎么办？⑤生命低谷引发的心理问题。比如，班级新任体育委员曾是个热爱马拉松的少年，突然患上凶险疾病，导致情绪陷入低谷，呈现出放弃的状态。班主任该怎么办？以上问题都是不折不扣的班级教育和管理问题，由此引发的故事也都被打上了深深的教育烙印。

【案例 1-1】

送给孩子一双成长的鞋

几年前，我到农村交流，接手了 402 班，认识了老实敦厚、性格内向的小杰。看学情记录，我发现小杰妈妈在他读幼儿园大班的时候就因病去世了。他的爸爸是一名驻扎外地的轨道交通施工员，在家时间极不固定。爷爷是唯一能照顾小杰的亲人。

1. 借给孩子一双自尊的鞋

新学期，孩子们迎来了 10 岁成长典礼。届时，每个孩子都会收到一份见证成长的礼物。活动临近，家长们陆陆续续将礼物拿到了学校，但是直到活动前一天，我都没等到给小杰的礼物。我赶紧联系他的爸爸。一通、二通、三通……电话始终无人接听。虽然在之前的家校沟通中我也遇到过这样的情况，但是时间紧迫，面对小杰“失联”的爸爸和即将开始的成长典礼，怎么办才好呢？

每个孩子的自尊心都需要得到呵护。于是，我从心愿墙上找到了小杰的心愿卡，上面写着：我喜欢足球，我想要一双足球鞋。

那天下班后，我特意赶往体育用品店，准备给小杰买一双足球鞋。这时，小杰爸爸回过来了电话，知道前因后果后，他一个劲儿地向我表示感谢，并且承诺自己今后一定会多跟家人联系，多关注孩子的情况。

第二天，我趁办公室没人把小杰请了进来。看着我桌子上堆得满满的礼物，小杰把头低了下去，小手不停地搓着衣角。见此情景，我一边轻轻扶起了他的头，一边说："孩子，我想若不是工作真的太忙了，爸爸是肯定会记得给你带礼物的。老师这里有一双足球鞋，先借给你作为成长礼物，好吗？"我把鞋子递给小杰。也许是自尊心强的缘故，小杰的手下意识地往后缩了一下。我赶紧补上一句："这双鞋是暂时借你的哦！下个月的学校足球联赛，你可要穿着这双鞋好好为班级出力呀！如果你真不想要这双鞋，那就等比赛结束后再还我吧！"小杰禁不住我的游说，默许了我的提议。

2. 送给孩子一双自信的鞋

学校足球联赛开始了。一天早上，因为要值周，我很早便来到了学校。操场上一个跃动的身影引起了我的注意，走近一看，原来是小杰。他正对着球门反复练习射门的动作，而他脚上穿着的正是我"借"给他的那双球鞋。我悄悄离开了操场。从门卫处我了解到，最近小杰每天都很早来训练。

足球联赛开始了，在小杰和同学们的共同努力下，我们班获得了非常好的成绩。在同学们的交口称赞中，小杰的脸上露出了自信的笑容。

比赛结束后，我把小杰比赛时的照片发给了他爸爸。不知道过了多久，他回复了一个谢谢的表情。为了能让小杰爸爸更多地了解孩子的成长，此后我经常会把记录小杰在学校的各种表现的照片发送给他。从小杰的周记里我了解到，他爸爸往家里打电话的次数比以前多了。

一天下课后，小杰走进了我的办公室。他低着头，双手捧着我买的鞋子。看来是还鞋来了。我跟他打趣道："怎么样，穿这双鞋子踢球不错吧？要是没球鞋穿，可怎么参加训练啊？"小杰默不作声，小手轻轻摸着鞋面。我又提议道："这双鞋呢，我也没遇到更合适的人可以送。要不你先收下，等你有钱了，再把买鞋子的钱给我，好吗？"小杰为难地说："大家说这双鞋很贵，我怕拿不出那么多钱。"于是，我爽快地说道："没关系，我可以便宜些卖给你。"我说出价格后，小杰的眼睛一下子就亮了起来，他兴奋地问我："真的吗？"

我郑重地朝他点了点头。

3. 奖给孩子一双自立的鞋

暑假后的一天，小杰又一次出现在了我面前，他把手里紧紧攥着的钱放在了我的桌子上。“老师，这是买鞋子的钱。”原来是暑假里小杰跟爷爷一起卖废品赚的钱。看得出孩子很想向我证明自己的能力。我灵机一动收下了他的钱，然后又从钱包里拿出了等额的钱递给了小杰。我说：“买鞋子的钱我收下了。这是你上学期的奖学金，希望新学期里你能像足球一样滚滚向前。”

新学期小杰在各方面的进步很大，他还成了校园“小义工”，我们经常能看到他积极工作的身影。而小杰爸爸也正式向单位递交了调回原住地工作的申请。

每个孩子都有一条成长的路，我们的教育就像孩子脚下的鞋，而班主任就是“制鞋人”。送孩子一双“增高鞋”，让他们可以垫垫脚，收获成功的喜悦；送孩子一双“雨鞋”，让他们可以更加勇敢地面对成长的洗礼；送孩子一双“水晶鞋”，让每一个平凡的生命都可以绽放属于自己的精彩。

岁月如歌，生命似途。愿每一个学生都能拥有一双成长的鞋，走稳、走好人生每一步。

（宁波市鄞州区堇山小学　屠剑巧）

育人故事赏析：

哈珀·李在《杀死一只知更鸟》中指出，你永远不可能真正了解一个人，除非你穿上他的鞋子走来走去，站在他的角度考虑问题。屠剑巧老师用这则动人的故事，向我们揭示了这样一个道理：班主任作为学生成长之路上的重要他人，应努力成为“制鞋人”，不仅需要了解每个孩子“脚”的尺码和特点，而且要适时送上一双让其走稳、走远的成长之鞋。成为这样的“制鞋人”，首先班主任需要有关爱学生的心灵，以及发现学生困窘、困顿的眼睛；其次，需要有读懂、理解学生的智慧，能够因人而异、因材施教并量身制订“合脚”的帮扶方案；最后，需要像苏霍姆林斯基所说的那样，能够像对待花瓣上颤动欲坠的露珠那样，小心地呵护孩子们的心灵，即便是帮助学生，也需要小心呵护他们宝贵而脆弱的自尊心。

二、体现先进的教育或管理理念

优秀的育人故事，只属于具备先进教育理念的班主任。长期以来，一部分班主任缺乏专业认同和专业发展的自觉性，只凭借自己的经验和单纯的爱心开展班级管理工作，班级管理长期停留在凭个人好恶管理班级的“任性式管理”、从头管到脚的“保姆式管理”、打成一片的“朋友式管理”、放手让学生自主管理的“放羊式管理”等状态中。他们对自身的角色和职责认识不足，把班级管理当作教学的辅助工作，未能从引领中小学生健康成长，育人为本、德育为先，努力成为中小学生的人生导师的高度来看待班主任工作。他们对当前国家教育发展政策和趋势漠不关心，也不注重对主流和前沿教育理论的学习，没有形成正确的学生观、教育观、教学观、质量观和管理观。这样的班主任，无论如何也不可能写出和讲好育人故事。

【案例 1–2】

师徒结对，巧解“撤职”尴尬

我自认为是一个爱学习、肯动脑的班主任，经常会把一些“金点子”“小妙招”运用到班级管理工作中。要是用得好，自然皆大欢喜；要是用得不好，考虑得不周全，就会让我陷入骑虎难下的局面。这不，最近我就被自己的一个新举措“下了套”。

开学之初，为了调动学生为班级服务的积极性，我打破了以往由老师指定或同学选举班干部的规则，推行了不拘一格选人才的新政策——不论有无当班干部的经验，不论成绩好坏，只要你拥有一颗主动为班级服务的炽热的心，就可以向班主任自荐，担任你最感兴趣的职务。消息一出，大大小小的职务很快就“名花有主”了。新官上任三把火，看着各个班干部尽职尽责地落实各项工作，一切事务都被安排得井井有条，我不禁暗自高兴。

可是，好景不长。我还没睡上几天安稳觉，就被各位科任教师的连番轰炸搞得焦头烂额。

第一个被告状的是语文学习委员红红。根据工作要求，红红每天要负责将各小组的作业收齐后送到语文老师的办公室，由老师批改。可是，红红写字很慢，课堂作业经常拖到最后才能完成，本属于“泥菩萨过江——自身难保”，现在还要分神去收齐各小组的作业，自然顾着头就顾不着尾了。为了完成学习委员的工作，红红已经连续好几次没有完成课堂作业了。

第二个被投诉的是纪律委员龙龙。龙龙长得虎头虎脑，个子较高。当他向我表达想竞选纪律委员职务时，我是很满意的，心想如果他当纪律委员，那么肯定会有威慑力。龙龙倒也尽职尽责，往班里一站，同学们都规矩了不少。可是，管纪律没错，但也不能像监控设备一样一直关注同学们的一举一动，不听老师讲课了呀？这不，今天上了一节英语课，龙龙一点笔记都没记，课堂上学习的单词也一个都不会读。这样下去，怎么能行？

最让人哭笑不得的是文娱委员芳芳。芳芳是一个活泼、可爱的孩子，喜欢唱歌，可唱歌跑调。音乐课上，老师好不容易教会同学们唱一首歌，让文娱委员起头，大家齐唱一遍。可芳芳一开口，就把全班同学都带跑调了。有的同学赶紧纠正：“她唱错了！”惹得全班同学哈哈大笑。

怎么来收拾这个局面呢？把这些班干部“撤职”？可是，如果这样硬生生地撤了，不就伤了这些孩子的自尊心，打击了他们的积极性吗？我左右为难，思忖着万全之策。

那几天，我站在教室里，看着这些班干部还在忙碌着，心里真不是滋味。忽然，我的脑子里闪过一个念头：要不，我仿照学校培养青年教师时采用的“师徒结对”方法，让这些孩子辅助接下来当选的班干部开展工作？

班干部例会如期而至。我先是针对前段时间班干部们的工作大力地表扬了他们一番；接着，以询问的口吻说：“前段时间，同学们自荐担任班干部，效果很好。但是，班上还有些同学想锻炼自己的能力。老师是不是也应该给他们机会啊？”听我这么一说，这些班干部的脸上流露出一种“不舍”之情。我继续说道：“不过，这些同学是否能像你们一样优秀呢？老师心里还是没有底的。”我话锋一转，对他们说：“你们能不能协助接下来当选的班干部一周，让他们迅速地熟悉工作流程？”我以试探的语气问道。我话音刚落，只见他们眼睛里刚刚熄灭的火花一下子又被点燃了。“行！”听到这干脆、利落的回答，我知道，被“撤职”的小伤害对他们而言，已经风轻云淡了。于是，我说明了班级管理各职务需要的基本素质和职责要求，并选出了一批新的班干部。

接下来的事情如我所愿：新、老班干部齐心协力，班级工作迅速走上正轨。那些被“撤职”的班干部脸上洋溢着笑容，不遗余力地将自己的经验分享给新当选的班干部。我知道，这笑容里除了释然与开心，还有一种被尊重的满足感。

是啊！尊重是教育的前提。正是因为我珍视学生的自尊心，用真心去呵护，用审慎的态度去对待，他们才能够开启心灵之窗，在遭遇被“撤职”这样尴尬的事情时，也能感受到如阳光般的温暖。

（杭州市育海外国语学校　李彩云）

育人故事赏析：

这则育人故事虽篇幅较短，但内涵丰富，发人深省。概言之，这则故事对班级管理工作有以下几点启发。

首先，要充分发挥年轻班主任的工作创新精神，鼓励班主任根据班级实际情况，锐意改革，创新班级管理和教育机制。案例中的班主任李彩云工作热情高，头脑灵活，点子多，民主意识强，有较强的工作创新意识，这其实是很多年轻班主任的共同特征。总体上看，这些特征对班级工作的开展是积极和有利的，这也正是学校选择年轻教师担任班主任的主要考量。从案例中也可以看出，班主任大胆采用不拘一格、毛遂自荐的班干部创新选拔机制，极大地激发了学生的热情，成功地实现了激发学生为班级服务的积极性的目的。

其次，在开展班级创新管理活动时，要做好事前的调研和规划，考虑周全，尽可能保证决策的科学性。案例中，班主任因为考虑不周，未能在事先对班级管理职务需要的基本素质和职责要求进行说明，导致后续班级管理乱象纷呈。班主任的自我反思，为其他年轻班主任谋划和开展班级活动提供了有益的启示。

再次，班级管理过程中要小心呵护学生的自尊心，保护他们的积极性。美国教育家诺丁斯指出，关心应作为教育的首要目标，比起单纯重视学生的学术知识，学校和教师更应该关心学生本身，关怀学生的内心和情感。面对这些胜任力不足的班干部，李彩云老师用真心去呵护，用审慎的态度去对待，巧妙运用师徒结对的方法，努力化解学生被“撤职”的尴尬。这种对学生细致入微的关心和呵护让人动容，值得每一位老师借鉴。

最后，在遇到班级管理困境时要多思考。案例中，班主任通过思考巧妙化解了“撤职”尴尬。那么，是否还有其他方法可以解决当前困境？思考永远是班主任成长的重要桥梁。

三、有翔实的教育过程

育人工作是世界上一项艰巨、复杂的工作。班主任面对的学生问题具有复杂、多元的特点，也受到学生个体、学生家庭、班级气氛等多种因素的影响。尤其是对于后进生或其他特殊学生而言，相当一部分表现为意志力薄弱，自控力差，“常立志”却不能“立长志”，一遇到困难就畏缩不前，甚至自暴自弃。这就需要班主任树立长期目标，制订较长时间的教育和引导方案，“抓反复，反复抓”，一点一点、坚持不懈地实施教育和引导工作。

优秀的育人故事要提供翔实的教育和引导过程，向大家展现育人工作的全过程。这样才符合教育工作和中小学生身心发展的规律，才能真正让大家信服。同时，育人故事中呈现出来的艰难、曲折的历程，也极大地提高了育人故事的可读性。

【案例 1–3】

公平还是不公平

1. 一次“实名举报”：不公平！

下课了，我正在办公室里批改作业。小甲在办公室门口张望：“老师，我有话想跟你说。”对一年级的孩子们来说，老师自带“万有引力”，我早就习惯了孩子们这样的分享。

“行，进来说吧，老师听着。”

“老师，不公平，真是太不公平了！小乙上课不听讲，还唱歌、睡觉，你都不批评他！”小甲眉头紧锁，气呼呼地说。

一直以来，对于孩子们的习惯养成，我坚持执行“高标准，严要求”，可唯独对小乙特别宽容。我允许他上课不听讲，允许他拿画笔自由发挥。即使他大声说话扰乱课堂秩序，我也只是走过去轻声提醒……我对他的“偏爱”，估计不仅小甲，班里的其他孩子也一定感觉到了。

小乙是人们说的“星星的孩子”，从小就被诊断为孤独症。他几乎不跟别人说话。除了无法正常听课外，午休的时候，他还会跑到教室外闲逛。觉得无聊了，他会把粉笔擦、水杯、书本从楼上往下扔或者趴在桌子上睡一下午……

开学没几天，孩子们已经慢慢觉察出小乙和自己不一样。但是，七八岁的孩子还没办法理解彼此的不同。我明白小甲的感受，在这个年龄段，公平是他们共同的渴望，是他们在集体生活中最看重的准则之一。我对小乙这份“不公平”，该怎样让小甲理解呢？

2. 一次换位思考：不公平？

我看着小甲，很认真地跟他说：“是的，确实不公平。”听我这么说，小甲的劲头更足了，看样子，他还有一肚子话想说。但我没有给小甲往下说的机会。

“不过我觉得，是对小乙很不公平！”我说。

小甲没想到我会这么说，一下子愣住了，扑闪着大眼睛看着我，满脸疑惑：“啊？”

我问小甲：“你觉得在课上唱歌、睡觉对吗？

“不对。”

“你会这样做吗？”

“当然不会，课上要认真听，这样我们才会越来越聪明。”

我接着说：“是呀，这个道理你知道，班里的其他孩子也都知道，可是小乙却不知道。这些我们认为的再简单不过的道理，他却没办法理解。这对他来说，多不公平！他也想和我们一样，认真听课，认真学习，也想在学校交到很多朋友。这些事情他现在也没有办法做到，你看，这多不公平啊！现在，你知道老师为什么不批评他了吗？”

小甲听了我的话，若有所思地点点头：“就像我的弟弟那样，因为他还小，很多事情都还不明白，所以做不到，是吗？”

“可以这么说，所以我们要等等他、帮帮他，等他慢慢地懂得这些道理，他也会和我们一样遵守纪律的。”

“老师，我知道了。”说完，小甲高高兴兴地离开了办公室。

3. 一次反思实践：不公平……

一次换位思考，让小甲理解了老师的做法，也懂得了从他人的角度看问题。这个问题看似得到解决，但是小甲走后，“不公平”这个词却久久萦绕在我的脑海中。从全纳教育再到近几年提出的融合教育，越来越多的特殊孩子进入普通学校随班就读。特殊孩子有获得正常教育的权利，他们在普通学校接受教育，与普通学生一起活动、交往，开发潜能，为之后融入社会打好基础，这对特殊孩子来说，无疑有很大的益处。但是，由此带来的对其他孩子的“不公平”也是显而易见的。总也安静不下来的教室，总是被中断的课堂教学，总是被分走大半精力的老师……两者之间该如何平衡，这个问题一直困扰着我。

可是，当听到小甲的那句“就像我的弟弟那样”，看着小甲若有所思的样子，我突然对这个问题有了新的看法。的确，这样的不公平是客观存在的，但它带来的只有坏处吗？

当天下午，趁着小乙和心理辅导站的老师一起去资源教室训练的机会，我和班里的孩子们就小甲的疑问展开了讨论，没想到孩子们你一言、我一语，表达了对小乙的理解，并提出了帮助他的办法。从此，班里有了针对小乙的“小值日生”：负责帮他整理书包，带他去资源教室训练，放学牵着他出校门等。当听到小乙在课上唱歌时，同桌会轻轻地在他耳边提醒。为了防止他上课时跑出教室，坐在门边的孩子在每节课上课前总会贴心地把门关上。吃完中午饭，孩子们会带着小乙一起坐在走廊上看书……而小甲则申请做了第一个“小值日生”。那句“等等他、帮帮他”仿佛有了魔力。

同在一个集体中，孩子们很自然地接纳了小乙。没有质疑他为什么会这样，也没有抱怨如果没有他会不会更好。孩子们愿意尽己所能地去帮助他。

这份纯真和善良，大概是这个世界上最美的存在。这一刻，我真切地体会到了教师的幸福。小乙让我和其他孩子一起学会了接纳每个人的不同，学会了主动关心所有的人。

在孩子们的帮助下，小乙真正开始了小学生活；孩子们也在帮助小乙的过程中，变得有责任、有担当，班集体的凝聚力日益增强。我在收获感动和快乐的同时，也开始对自己的行为进行反思。

我那些基于了解和接纳的“不公平”的偏爱行为，看似是对小乙的理解和包容，是不是带来了真正意义上的不公平呢？

每个孩子进入校园，在学习文化知识的同时，也在学习规则，学习为人处世的道理，学习成为一个社会人。小乙来到学校学习，身为老师，我当然也有教育他的责任和义务。对他一味包容和理解，只会让他在现在的状态中停滞不前。那么，他随班就读也就变得没有意义。这才是对他真正的不公平。

意识到这一点，我对小乙的态度也发生了改变。我对他慢慢有了要求。我会引导他学会分辨上课铃和下课铃；要求他上课时尽量坐在座位上，不随意走动；写字的时候，会握着他的手，带着他慢慢写；当做出扔东西等危险行为的时候，我会严厉制止，并提出批评……

这个过程让我备尝艰辛，小乙总是似懂非懂，似听非听。大多数的时候，他只是在不断地重复我说的话而已，所有教育都收效甚微。而在这个过程中，小乙也备尝艰辛。有些时候，他看我的眼神都变得怯生生的。

为了更好地理解和帮助小乙，我向心理辅导老师讨教方法，也开始阅读一些和孤独症有关的专业书籍。当意识到我一个人教育力量的薄弱之后，我还邀请家长介入，和家长一起为小乙制订阶段行为训练计划，形成家校合力等。

一段时间后，小乙有了变化。他会在听到“起立”时站起来了，会跟着队伍去操场做操了，会自己去书包柜放书包了，会排队打饭了……随着小乙的进步，班级里“小值日生”的任务变得越来越少。

小乙每一次微小的进步，都让我无比欣喜。

一次对“不公平”的探讨，让班级变成了一个爱心互助小组，在关心与关爱的过程中，心和心的距离更贴近。一次对“不公平”的思考，为我指明了教育方向，实现了教学相长。爱是教育的基础。尊重每个孩子的不同，给予每个孩子理解、关心和帮助，把真、善、美播种到每个孩子的心田，将是我不懈的追求。

（杭州市星澜小学　陈佳佳）

育人故事赏析：

陈佳佳老师的这一则育人故事有两个优点值得我们学习。一是故事生动精彩，情节引人入胜。“文似看山不喜平。”本故事恰如群山连绵起伏、峰回路转。作者运用一波三折、情节反转的讲述技巧，有效地激发了大家的兴趣，吸引注意力，引发共鸣。二是思考深入。一开始，教师引导学生们了解和接纳小乙，营造理解和包容特殊学生的班级氛围；后来，教师进一步认识到，看似对小乙的理解和包容，实际上却在助长“不公平”的风气。陈佳佳老师生动、深刻、充分地展示了育人故事对于促进教师反思、提升专业水平的功效。经验 + 反思 = 成长。反思能够充分激发教师的积极性和创造性，有利于教师逐步培养和发展自己对教育实践的判断、思考和分析能力，有助于教师教育观念的优化重组。如果教师仅仅满足于获得经验，而不对经验进行深入反思，那么经验将不会转化为教育智慧。

四、有独到的教育或管理方法

近些年来，在各级各类班主任培训活动中，笔者经常跟大家分享大赛中的育人故事。笔者发现，最受大家欢迎的是那些有“增量”的故事。所谓增量，是指育人故事会让人在某些方面有明显的收获。主要体现在两个方面：一是教育智慧实现了增长；二是情感得到了激发。情感的增量后文会讨论，这里先讨论教育智慧的增量。教育智慧的增量是指，针对令班主任感到困扰、具有普遍性和代表性的班级管理难题，育人故事给大家提供了独到的、富有创意的教育方法。大家从富有创意的教育方法中受到了深深的启发，有助于化解自己的班级难题。正如前文所述的那样，中小学班主任专业发展的自觉性较弱，中小学校对班主任专业化的制度支持和专业引领不足，加之中小学班主任工作的事务较多，导致中小学班主任的专业化水平不高，对班级管理缺乏细致深入的研究，主要靠直觉经验、对学生单纯的爱心以及模仿老班主任的传统做法对班级进行较为粗糙的管理。即便是被学校甚至地区教育行政部门树立为典范的班主任，其班级管理的方法也大多依靠“爱心”+“勤奋”+“盯”“管”“跟”。因此，中小学班主任对能提供独到、富有创意的教育方法的育人故事特别感兴趣。

【案例 1–4】

亦师亦友巧平衡

还有几天就要中考了，班级里的学习气氛非常浓厚。我既为孩子们的拼搏精神感到欣慰，也因即将到来的考试而暗暗担心。不过，让人担心的不是中考成绩，而是同学们表现出来的各种考前焦虑……

在最后一次摸底考试结束后，班级里一个已放弃保送资格的女生因为发挥不佳，自信心受到了严重打击。虽然“胜败乃兵家常事”，但对于某个人来说，这种打击还是很大的。后来，女生要求在家里调整几天，并请家长替她请了假，我受到很大触动。

想想平时，我与学生之间早已建立起了亦师亦友的和谐关系，为什么此时却没有人来跟我沟通交流呢？我疑惑地问该女生的家长：“为什么孩子有如此大的心理负担，却不主动找我这个班主任诉说一下呢？”家长道：“女儿说您在中考前工作非常忙碌，压力也很大，她不想给您添麻烦。”听完家长的回答，我的眼眶不由自主地湿润了……在初中三年最后一场严峻的考验面前，我与学生是同一个战壕里的战士，定当是风雨同舟的朋友，学生如此善解人意地为我考虑，我要想办法来化解这场乌云密布、超低气压的“考前风暴”。

我同时担任 901 班、902 班的科学课程教学工作，兼任 901 班班主任，这两个班级里除去被保送的学生，还有 42 人在学校复习准备中考。怎样才能用一种恰当的方式，同时帮助到 42 个性格不同、状态不同、需求不同的学生呢？我忽然想起一位老师给学生做留言信笺的故事。在当今这个信息化时代，的确需要用纸和笔留下一些印记，沉淀一些情感。因此，我决定把这个方法加以改进，用自己的方式鼓舞孩子们微笑着走向考场！

这天阳光明媚，微风和煦，正是走向户外的大好时机。在活动课上，我高兴地呼唤着学生们："来来来，熊老师准备好了照相机，谁想与我单独合影？先到先得啊！"学生们听到后先是愣了一下，然后有人问："熊老师，是和你单独合影吗？可以任意摆造型吗？"我会心一笑："今天熊老师这个模特包你们满意，各种造型绝对配合，机不可失……"学生们马上抢答："失不再来！"话音刚落，我身侧就排起了小长龙，有跟我合影的，有出谋划策的，大家说着、笑着，久违的欢乐与轻松终于出现了。

这只是我计划的第一步。接下来，我把每个学生跟我的合影精心挑选出来，送到打印店里打印了出来。当捧着一张张还带着温度的照片时，看着他们的笑脸，我的眼眶又一次湿润了……华灯初上，拿起黑色钢笔，仔细回想我与每一个孩子的故事，想想他们的性格爱好或者情感需求，我慎重地在照片背面写下文字，制作了一张张只属于他们的"约定礼券"。

这些礼券一共分为以下几类。"游戏券"：劳逸结合才是生活该有的模样，当游戏中缺少队友时，来找老师吧！（本券可使用一次，高中毕业次日生效。）"食饮券"："小二，来二斤牛肉"，豪客必点，老师带你去餐馆。（本券可使用一次，高中毕业次日生效。）"运动券"：当运动中缺少队友时，来找老师吧，我带你一起称霸运动场！（本券可无限次使用。）"成年券"：成年人的世界是多彩的，是残酷的，是拥有无限可能的，跟老师吃一顿"大人之间"的饭，老师请客。（本券可使用一次，步入社会、参加工作后生效。）"烦恼倾听券"：人生难免遇到窘境，若在亲人面前说不出口，不妨来一个电话或写一封信，老师是你永远的朋友！（本券可无限次使用。）

第二天一早，当学生们如往常一样背着大大的书包走进教室时，他们发现自己的课桌上多了一张照片。是昨天与熊老师的合影！而且照片的背面竟然有给自己的留言！我躲在角落里悄悄地注视着他们拿到专属"约定礼券"时的表情，那一刻，看到他们或欣喜若狂或悄然落泪，我真的体会到了作为一名教师无比的幸福感。学生们激动地讨论着："我拿到的是'烦恼倾听券'。""我的是'食饮券'。"这时候，我走进教室微笑着对学生们说："今天你们拿到的不只是一张照片，更是咱们之间专属的约定，有的是三年后生效，还有的是一直有效。再过几天，这间教室将不再属于你们，但熊老师永远都是你们的！”

就这样，在我的感染下，学生们七上八下的心情终于恢复了平静。他们自信的笑容早已说明，对考试的恐惧转化成了对美好未来的憧憬，他们一定对这场师生情无比动容，而此时我们每个人身上都充满了向前冲刺的无所畏惧的力量！

（杭州市天杭实验学校　熊化鑫）

育人故事赏析：

“亲其师，信其道。”青年班主任在刚进入工作岗位时，由于缺乏教育管理工作经验，又具有与中学生年龄相对较近的先天优势，很容易因想与学生建立朋友式的师生关系，而忘记塑造自己的形象。师生间太亲近的朋友关系，势必会损害教师在学生心中的权威感；而教师高高在上的姿态，又会大大阻碍师生之间的情感交流，不利于帮助学生平稳度过从青少年向成年的过渡期。老师应做学生的“朋友”还是做学生的“长辈”？面对这一难题，杭州市天杭实验学校熊化鑫老师创造性地构建了“朋辈式”，即“朋友”兼“长辈”的师生关系，巧妙地把握了这两者之间的度与量。一方面，感受到学生中考前的焦虑情绪，熊老师十分担忧，非常想将自己作为过来人的经验和道理传授给他们，为他们指引方向，体现了老师的长辈之心；另一方面，熊老师采用朋友之间常见的建立约定而非简单说教的方式化解了学生内心的焦虑。“朋辈式”师生关系为广大青年班主任提供了与中学生进行有效沟通的新范式。

五、具有代表性和示范效应

中小学班主任基本功大赛中选手所讲的育人故事，就其目标来说，不同于班主任在自身的实际班级管理过程中所做的记录和反思。后者更多的是班主任个人对班级和学生管理的一种观察和思考，可以不考虑别人的感受。而大赛中所讲的育人故事（也包括培训和研讨中所讲的故事），很重要的目的之一就是吸引和打动听众，引起大家的认同和共鸣。因此，班主任应选择在班级管理中普遍存在的事件和现象来作为自己故事的素材，这样的育人故事具有很强的外部效度，大家就会产生这样的感觉：这种现象在我的班级中也存在，同类的问题也深深地困扰着我，我很想听这位班主任讲一讲他的解决策略，看看能否迁移和运用到我的班级管理中，去解决我面临的问题。因此，班主任讲述的育人故事应在中小学班主任的工作中具有代表性，所述的问题应该普遍存在，而不能仅仅是故事讲述者经历的个别化事件。这样的故事才具有示范的价值和意义，才有着巨大的推广价值。

【案例 1–5】

成为自己的“主角”

1. 从云端跌入谷底

小甲有些拘谨地坐在我面前，手里拿着提前写好的“草稿”，说：“老师，来之前我整理了一下自己的问题，想请你帮帮我。”说着，她的眼睛里含满了泪花。

“我感觉自己好失败啊，什么都做不好。在班上也没几个朋友，感觉大家都不喜欢我。现在我的成绩也变差了，尤其是科学，出现了听不懂、不会做的情况，太可怕了！我想着这些，心情很糟糕，根本就没办法专注在学习上。我太失败了！”

“听起来，你对自己很失望。”

“是的，小学的时候，我完全不是这样的，我是被别人羡慕的那个。但是升入初中后，我怎么变成这样了？”

沟通下来，我发现最困扰她的问题是由落差而引发的敏感、自卑，别人的一句话、一个表情都会在她的脑海里反复出现；朋友身上的优点会变成扎在她身上的刺，会让她深深地质疑自己。

“别人会怎么看我？”“我真失败！”这两句话充斥在她的内心。这是初中阶段易出现的一个典型问题。青春期的孩子处于“自我同一性”的发展阶段，他们开始思考“我是谁”“我将要成为什么样的人”等问题。与此同时，他们非常关注同学、教师、家长等对自己的评价，关心自己是否受同伴欢迎。这些都会给他们的自我认识带来困惑和挑战，他们更容易产生种种与自我问题有关的心理危机。

了解了小甲的情况之后，我们约定通过多次沟通，共同努力，一起去调整状态。

2. 引导过程

（1）接受落差，重新开始

由于曾经被光环笼罩，小甲一时间很难接受自己不再是受人瞩目的“主角”的事实。我非常理解她的感受，说道：“曾经的自己那么优秀，现在你觉得自己一无是处，这种落差听起来好大，你很失望、很难过吧！似乎又有点恨铁不成钢……”

她边点头边哭着说：“我也不想这样，但是控制不住自己，想想就很痛苦，我该怎么办？”

我开始跟她讲自己的经历：“刚上大学时，我也有同样的落差，一度陷入自卑和绝望中。因为曾经非常优秀，我就觉得‘以前我那么优秀，我现在就不应该落后于人’‘我一定要像以前一样被别人认可和崇拜’。我越这样想，就越能发现自己做得不好的地方，结果换来更多的自我否定、自我消耗，导致我难以做好当下该做的事情。”

我的故事引起了她的强烈兴趣。“那你后来是怎样调整的呢？”

我试着引导她和过去好好告个别，谢谢曾经那个努力的、闪耀的自己；然后慢慢接受现在的状况，虽然现在的学习暂时没有过去好，现在的朋友也暂时没有过去多，但是没有关系，这并不代表自己就是一个失败的人，这只是在提醒我们去关注这些变化，提醒我们可能有些地方需要调整。

“让我们把现在当作一个起点吧，从这里重新出发！”她的脸上闪过一丝光，她似乎看到了希望。

（2）寻找优点，建立信心

由于她时常在乎别人的看法，也总觉得自己一无是处，为了帮助她建立信心，我给她布置了一项作业：邀请几个同学写一写她的优点。当她带着记录这些优点的卡片来见我的时候，脸上终于有了笑容。

我们依次看这些卡片：“你很善良。”“你很有自己的想法。”“你很谦虚。”“作为课代表，你很有责任感。”她有些不好意思。

“看到这些卡片，你有什么感受？”

“我很意外，原来在他们眼里，我也挺不错的，原来他们并没有不喜欢我，原来我自己的很多担心都是多余的。”

我建议她把这些卡片放在一个容易看到的地方，每天都看几遍，并告诉自己：我有自己的优点，我真的很不错！坚持一周，看看自己有什么变化。

（3）发现成就，激发动力

经过前面的调整，小甲慢慢变得积极了，每天否定自己的次数也变少了。这一次见面，我们聊到了成就感。

“这一周当中你最有成就感的是什么时候？”

她想了想，说：“我的科学考试成绩这次有了很大的进步。”

“哇，上次听你说科学是你的弱势学科，你是怎么做到有了很大的进步的？”这个问题意在让她去关注自己可以做到的部分，引导她看到自己的力量和资源。

她细说了自己最近在科学学习上的做法。我给予鼓励，告诉她：“这些成功的经验一方面告诉我们这些做法是有效的，另一方面也告诉我们，我们可以相信自己能够不断进步，对吗？”她坚定地点了点头。我又给她布置了一项作业：每天记录自己最有成就感的时刻。

（4）欣赏他人，接纳自己

在第四次沟通中，她向我透露了自己一直以来隐藏的小心思。

“其实我的心情跟一个朋友有很大关系。那个朋友，性格属于自来熟，跟很多人都能谈得来。但是我就不行，我感觉身边没几个朋友，跟别人也说不上话。每次看到她跟别人打成一片，我就很不舒服。”

“这种不舒服是一种什么样的感觉？”我引导她去识别和澄清这种不舒服的感觉。她不好意思地说：“是嫉妒吧。”

“嗯，是嫉妒，当我看到别人比我做得好的时候，我也会有些嫉妒。嫉妒是一种很正常的情绪，没什么不好的。”在接受嫉妒的前提下，我们又探讨了嫉妒的意义。其实，适度的嫉妒可以让我们更有前进的动力。但是，如果这种嫉妒给自己带来了负面的影响，我们就需要做出一定的调整。如何调整呢？我没有给出具体的建议，而是跟她一起讨论办法。

她说，其实每个人都有自己的优点和缺点，没有人是完美的。我给予她鼓励，让她继续说。“在跟朋友交往的时候，我那个朋友擅长跟很多人一起玩，打成一片，有说有笑，很多人喜欢跟她交朋友。这是她的优点，我很羡慕。我不一样，我是慢热型的，但是我会很真诚和用心，在他们不开心的时候，我很愿意去倾听，去陪着他们。”我点点头，说：“是的，这是你的优点，很暖心，很善解人意。”她接着说：“我可能做不到跟她一样，但我这样也可以交到很知心的朋友。”

这样的交谈之后，她自己就意识到了，我们可以欣赏别人的优点，但也要看到自己的优点，我们需要接纳真实的自己。

（5）联系父母，给予支持

在帮助小甲调整自己的过程中，我征得小甲的同意后，联系了她的妈妈。小甲很信任自己的妈妈，但是每次跟妈妈讲述自己的内心想法和感受时，妈妈总说是她想得太多，小甲听后就更难过了。

当孩子在诉说苦恼时，一些家长常说这样的话，如“不要想太多，好好学习就行了”“你想得太多了，别人根本就不会这么想”“你看到了自己的不足，就努力改正啊”。这些话看似是在劝解，实际上给孩子的感受是“你不懂我”“你根本不知道我是怎么想的”，让孩子心生反感，难以起到真正的安慰作用。

因此，我告诉小甲妈妈小甲的真实感受，并给出一定的沟通建议。“您可以试着去理解她的情绪，告诉她这些情绪的产生都是合理的。同时给她更多的支持和包容，多引导她去发现自己身上的优点，结合具体的事情去鼓励她。让她知道，您会陪着她一起面对，不管怎样，您都会支持她，因为她值得。”

经过多次沟通，小甲的状态有了较大的变化，笑容多了起来，人也自信了很多。在学校运动会的开幕式排练中，她积极参与进来，站在队伍中心的位置翩翩起舞。那一刻，她身上散发着自信的光芒。她告诉我，虽然有时候仍然会在意别人的评价，在意他人的眼光，怀疑自己做得不够好，但大多时候，她都能接纳自己真实的样子，并一点点努力，慢慢成为更好的自己。

此时的她已经从“想要成为别人的主角”变成了“成为自己的主角”！

（杭州市育海外国语学校　常艳静）

育人故事赏析：

小升初之后，学生面临新的学习环境，面临新的挑战。一方面，他们处于“自我同一性”的青春期发展阶段，自我意识崛起，会非常关注他人对自己的评价；另一方面，大部分同学在新的环境中会产生强烈的落差感，表现为怀念小学的班级和自己，害怕表现自己、有些退缩，学习积极性降低，情绪低落、闷闷不乐等。这类现象在初中阶段非常典型和具有代表性。针对这一难题，常艳静老师通过引导学生接受落差、客观认识自己，发现自身优点、建立自信，寻找成就感、激发动力等，成功帮助学生调整了自我认知，顺利适应了新的环境。

六、对学生有发自内心的关爱

发自内心地关爱学生，是班主任讲好育人故事的内在动力。爱心与责任感赋予班主任拨动学生心弦的意识。“学校教育……单从外形的制度上方法上，走马灯似的更变迎合，而于教育的生命的某物，从未闻有人培养顾及。好像掘池，有人说四方形好，有人又说圆形好，朝三暮四地改个不休，而于池的所以为池的要素的水，反无人注意。教育上的水是什么？就是情，就是爱。教育没有了情爱，就成了无水的池，任你四方形也罢，圆形也罢，总逃不了一个空虚。”[①] 这段话是 20 世纪 20 年代夏丏尊面对当时的教育乱象发出的沉痛感慨，但这段话对于当下教育也同样适用。在基本功大赛中，正因为对学生的真爱，班主任才拥有了主动寻找和精准定位学生心弦的慧眼，敏锐地发现学生思想深处不为人所瞩目的问题，将这些隐藏

① ［意］亚米契斯：《爱的教育》，夏丏尊译，译者序言 1~2 页，上海，华东师范大学出版社，1995。

在班级琐事表层之下的故事开发和挖掘出来，成功地写出打动人心的育人故事。

【案例 1–6】

“光脚少年”蜕变记

1. 他曾是“光脚少年”

“砰”的一声，教室的门被有力地撞开，一个身影从我眼前迅速溜过，落在了教室里唯一的空位上。这是发生在早读课上的一幕，进来的是我班的学生——小林。他上学经常迟到，作业时常忘带，座位凌乱不堪，缺乏责任心和生活自理能力，让我这个新任班主任非常头疼。

我像往常一样把他叫到跟前询问迟到原因，他畏畏缩缩地走过来，低着头，手扯着衣服，支支吾吾地说："又……又睡过头了。"我摇摇头，仔细打量着他。他佝偻着背，头发凌乱，衣服不整，鞋带散着，竟然连袜子也没穿。我不禁大吃一惊，现在可是大冬天，室内温度小于 10 摄氏度，不穿袜子，怎么能受得了？我把小林带到办公室，请他穿上我的棉鞋，然后询问他经常迟到的原因，以及今天为什么连袜子也没穿。小林低着头不想说，我再三询问，他才说："来不及穿了。"我也不再强求，便让他回教室了。

这孩子，为什么总是邋邋遢遢的？为什么作业总是忘记带来？为什么在这么冷的大冬天没穿袜子？带着一连串的疑惑，我走进了小林的家。装修气派，家具高档，家里也十分整洁，怎么也无法想象小林是从这样的家里走出来的。

我从和小林爸爸的交谈中得知，小林妈妈在他上幼儿园时就因病去世了，爸爸工作很忙，无暇管他，家中由保姆照料，虽然保姆可以照顾他的生活起居，但无法给他家人般的温暖和关爱，所以造成小林性格内向，生活自理能力也很差。从小林爸爸的言语中我听出了无奈，我对眼前这个“光脚少年”的怜悯之情油然而生……

冷清的家中有一处引起了我的注意，那就是他家的阳台。虽是寒冬，但阳台上整齐地摆放着几盆花，每一盆都长势良好，给这个冷清的家中添了一抹生气。爸爸告诉我，这些都是小林养的。我不由得一惊，这个连自己都打理不好的“光脚少年”怎么还会养花呢？原来，小林的妈妈生前很喜欢养花，他受妈妈的影响一直保留着养花的习惯。这就是孩子想念妈妈的方式啊！走出小林家，我的内心波澜起伏……

2. 他化身“护花使者”

我必须帮助他！

既然小林这么爱养花，我何不将班级的植物角交给他养护？让他在学校里找到一种家的感觉，也让同学们可以重新认识他，更让他找到一种价值感。

说干就干，我在班会上宣布了任免决定，并称他为班级的“护花使者”，同学们在笑声中接纳了他。

小林似乎明白我的用意，每天都很用心地照料植物，班级植物角显得生机盎然，每一株植物都似班里的同学充满朝气，积蓄力量奋发成长。

经过了一段时间，我发现这个曾经的“光脚少年”上学不再迟到，作业不再忘带，也不再光脚了。

最让人感动的是寒假前夕，当大部分同学都沉浸在即将放假的喜悦中时，小林却没有忘记植物角的植物。离开校园前，他给植物浇了水，晒了太阳，还拜托寒假期间值守校园的保安师傅帮忙照顾植物。“实在是太有责任感了！”保安师傅夸赞道。寒假结束，我走进教室，发现植物角的植物依然长得郁郁葱葱，我把目光投向小林，他也正好在看着我，就这样，我们相视而笑。

小林的行为感染了全班同学。为了迎接开学典礼，学校要每个班推荐一名同学当“光荣旗手”，讲述自己的成长故事，全班一致推选小林讲述。

开学典礼那天，小林穿着旗手的衣服，戴着鲜艳的红领巾，迈着自信的步伐走上主席台。他在全校师生面前讲述了他细心照料班级植物的故事，操场上掌声雷动。阳光洒在小林灿烂的笑脸上，我第一次发现，小林的笑容那么美好。

3. 他蜕变成班级榜样

榜样的力量，犹如冬日里的暖阳，能够温暖人们的心，照亮前方的路。如今的“光脚少年”俨然成为班里的人气王，同学们都喜欢和他相处，也乐于学习他尽责的作风。在班干部的主持下，人人有事做，事事有人做。课前，值日生会准时把黑板擦得干干净净，再也不用我催促了；扫把、畚斗摆放得整整齐齐，再也不用我来收拾了；图书角的图书总有人整理，再也不用我提醒了；连窗台、开关都有人每天擦拭……班级同学步入了自我管理的良性循环。

见证着“光脚少年”的蜕变，见证着这个班级的蜕变，作为班主任，我很幸福。我陪伴着小林走出灰暗，找到价值，也带动了班集体的每一个成员向阳而生，蓄力前行。

（杭州市大学路小学　严志云）

育人故事赏析：

陶行知说过：真教育是心心相印的活动。唯独从心里发出来，才能打动心灵的深处。班主任只有拥有了心灵对心灵的尊重，才会具备明察秋毫的教育敏感、情不自禁的教育本能和化险为夷的教育智慧。在本故事中，只有拥有了对学生发自内心的爱及由爱而生发的崇高责任感，班主任才能敏锐地发现小林的反常现象，并深入小林的家庭中去探究原因，才会发现养花是孩子对妈妈独特的思念方式，并将其巧妙变为引领和教育孩子的有效载体，既让他在班级里找到一种家的感觉，也让同学们可以重新认识他，更让他找到一种价值感。每个孩子都值得我们善待，教育就是要让每一个独特的生命精彩地绽放！严志云老师的这则育人故事，生动又深刻地体现了陶行知所说的真教育的神奇功效。

第三节　故事力：讲好育人故事的关键能力

一、班主任，为什么你没有故事可讲?

很多中小学班主任感到自己没有什么故事可讲。在交流中，这些班主任虽然坦言自己很喜欢育人故事，也承认讲好育人故事对于进行自我教育、引导学生和开展班级管理工作极为重要；但他们觉得自己作为普通的中小学一线教师，工作环境单一、人际交往圈子狭窄，没有丰富的素材来源，所以没有什么有趣、有益的故事可讲。即使硬着头皮写出来，他们的故事也大都内容空洞、平淡无味。这些班主任没有故事可讲，真的是因为他们的工作天然地与故事“绝缘”吗？这不是事实和真相。之所以出现这样的情况，并不是因为班主任的工作中缺乏有意义的故事，而是因为这些班主任缺乏一种重要的能力——故事力。

美国作家丹尼尔 · 平克在《全新思维：决胜未来的 6 大能力》一书中提出，全新思维的 6 大能力分别是：设计感、娱乐感、意义感、故事力、交响力、共情力。丹尼尔 · 平克说：“每个人都有自己的故事，人人都是个人生活的策划者。一定要倾听别人的故事，让人生存下去的不是食物，而是故事。”①所谓故事力，就是用故事思维讲出你的故事并由此产生影响力。

在育人故事的讲述与写作方面，故事力体现为班主任树立故事意识、形成故事思维、掌握故事艺术，从而用故事感动、说服、影响和转变学生，实现班级育人目标的能力。故事力，是班主任讲好育人故事的关键能力。

二、班主任故事力的要素

（一）故事意识

是否拥有故事意识，决定了班主任是否拥有一双慧眼。有了慧眼，班主任才能敏锐地在班级场域发现育人故事的线索，并将之提炼成精彩的育人故事。事实上，班级是一种特别有利于生发故事的场域。班级的每一次活动，

① ［美］丹尼尔 · 平克：《全新思维：决胜未来的 6 大能力》，高芳译，105 页，杭州，浙江人民出版社，2013。

班主任与学生的每一次交往和互动，班主任与科任教师、学生家长的每一次分歧与协同，班级中每一个积极正面的事件甚至带来麻烦的事故，在具备故事力的班主任眼中，都蕴含着教育的因素，都有可能转化为精彩的育人故事。从这个意义上看，中小学班主任可能是教师群体中最有故事的人。那么，为什么有的人当了一辈子教师，却留不下一个让人津津乐道的教育故事；而有的人当教师才几个年头，教育故事却可写成一本厚厚的书？有研究者认为，造成这种天壤之别的根本原因是有无研究意识。[①] 在笔者看来，该研究者所说的这种研究意识其实是故事意识，而故事意识正是故事力的关键要素之一。

苏霍姆林斯基就具有强烈的故事意识。自 1948 年起至 1970 年去世，苏霍姆林斯基一直担任他家乡所在地的一所农村完全中学——帕夫雷什中学的校长。在几十年的教育生涯中，他创造性地从事教育实践工作，还笔耕不辍，一生写下了 40 余本教育专著和 1800 多篇文章。他的《给教师的建议》《把整个心灵献给孩子》《帕夫雷什中学》等作品享有世界声誉，其中包含了大量的教育故事和观察日记。为什么苏霍姆林斯基能写出如此之多的教育故事？在《和青年校长的谈话》中，他提醒大家要有一个记事簿，“只要你是认真对待自己工作的，你就要爱惜它，一年又一年地在上面做好记录，并把它保存好。……凡是引起你注意的，或者引起你一些模糊想法的每一个事实，你都要记入记事簿里。积累事实”[②]。在《我怎样写教育日记？》中，他还提到他“对三百多个在小学时没有训练出流利阅读的牢固技能的少年和成年者的脑力劳动情况进行了观察”，并较为翔实地列举了他对五年级学困生米嘉的观察、一位女教师未履行对学生的承诺而引发了学生的痛苦、一位班主任强迫学困生科里亚当众讲自己的学习问题等事例。[③] 仅从这篇文章中，我们就不难发现，苏霍姆林斯基具有高度的教育责任感、强烈的专业自觉性，正是这种责任感和自觉性赋予了他强烈的故事意识。

拥有故事意识最突出的表现是拥有一双善于发现的慧眼，能够见他人之

① 黄瑞夷:《为什么我没有自己的教育故事》，载《中小学教师培训》，2007（9）。

② 蔡汀、王义高、祖晶:《苏霍姆林斯基选集（五卷本）》第 4 卷，849 页，北京，教育科学出版社，2001。

③ ［苏联］瓦·阿·苏霍姆林斯基:《给教师的建议（修订本 全一册）》，杜殿坤编译，457、462~463 页，北京，教育科学出版社，1984。

所未见，善于从司空见惯的现象中发现不平常。正如雕塑家罗丹所言：美是到处都有的，只有真诚和富有情感的人才能发现它；美是到处都有的，对于我们的眼睛，不是缺少美，而是缺少发现。随便翻看《给教师的建议》的任何一页，我们都不得不惊叹苏霍姆林斯基拥有一双不可思议的眼睛。书中的每一条建议在我们看来都是那么普通和琐碎，但从他独到的视角来看，这些普通现象折射出异样璀璨的光芒，其背后隐藏的教育智慧和教育艺术让读者受益匪浅。一位到帕夫雷什中学参观的女教师抱怨，孩子们刚来学校的时候既聪明伶俐又勤思好问，但到了五六年级，逐渐变得不想学习，成绩也持续下降。针对这一现象，苏霍姆林斯基别具慧眼地指出，每一个孩子就其天性来说都是诗人，要让他们内心的诗的琴弦响起来，教师首先应能看到各种事物和现象背后的规律，要指点孩子们发现闪耀着的阳光的光点、雪白的花瓣、忙碌的蜜蜂、颤动的树枝和悠闲的小蝴蝶这些事物之间的几十种的相互联系，这样才会激发起他们自己的、活生生的思想来，如此，孩子们就会编出成千上万个具有独特情节的故事。[①] 故事意识赋予苏霍姆林斯基发现育人故事的慧眼，让他拥有了取之不尽的故事源泉。

（二）故事思维

很多班主任常常有这样的困惑：明明自己已经很努力了，绞尽脑汁、费尽心思撰写了育人故事，但大家对这些故事非常不满意。为什么你讲的故事缺乏魅力？最可能的原因是你缺少故事思维。什么是故事思维？

1. 故事思维是一种场景化思维

试比较一下下面这两段话的表达效果：

“你写作业时，阿拉斯加的鳕鱼正跃出水面；你看报表时，梅里雪山的金丝猴刚好爬到树尖；你挤地铁时，西藏的山鹰一直在云端盘旋。”

“你写作业时，别人在旅行；你看报表时，别人在旅行；你挤地铁时，别人在旅行。”

---

① ［苏联］瓦·阿·苏霍姆林斯基：《给教师的建议（修订本 全一册）》，杜殿坤编译，183~185 页，北京，教育科学出版社，1984。

这两段话描述了同样的内容，但表达的效果大相径庭。第一段话之所以会给人留下特别深刻的印象，是因为相较于第二段而言，它生动地刻画了自然界中震撼人心、具有强烈画面感的场景。这种给人留下鲜明印象的表达方式，就是故事思维的场景化特征的生动展现。

2. 故事思维是一种情节化思维

“听过很多道理，为什么还是过不好这一生？”其实，我们听过的道理中有很多的确很有智慧，但是我们的感官和大脑更喜欢具体的情节，而不是抽象的道理。生动形象的场景、跌宕起伏的情节更有感染力，更容易被大家理解和接受。

3. 故事思维是一种情感化思维

故事思维强调情感是故事的重要元素。故事的情感化特征要求故事讲述者首先要选择能够打动自己的故事来讲。一个故事只有先感动了自己，才有可能感动他人。其次，在讲述故事的过程中，要注意融入个人的情感，懂得引发情感共鸣。这样，你的故事才可以“走心”。

缺乏场景、情节和情感，你讲的就只能是流水账，而不是具有故事思维的育人故事。流水账和育人故事在内容、目的和方法上都有着显著差异，见表 1-1。

表 1–1　流水账与育人故事的对比

维度	流水账	育人故事
内容	陈述“做什么”和“怎么做”	展现“典型场景”和“关键情节”
目的	罗列事实	带来冲击
方法	走脑，掌握信息和证据	走心，激发情感和想象力

（三）故事艺术

你讲的故事缺乏魅力的原因还可能是你没有意识到故事艺术的重要性。笔者近年来与部分中小学开展了有关班级育人故事的行动研究。在实践中我们发现，要想提升育人故事的艺术感染力，应该做好以下几点。

1. 精心设计故事标题

标题就是故事的广告。好的标题应起到吸引大家注意、成功调动起他们的阅读兴趣的作用。比如,《学生的谎言，一定要戳穿吗？》《我用冰块“温暖”你》《太乙真人的带徒妙招》《吃一口暖心的“三明治”》《新外号之王争霸赛》这样一类班级育人故事的标题，较好地运用了反问法、反差法、悬念法等标题设计方法，成功地提高了育人故事的吸引力。

2. 选择有冲突的事件

班主任可以参考以下指标来衡量一个事件是否具有冲突性：①事件是否对你产生了情感力量？你的心灵是否受到了震撼？②事件需要你做出困难的选择吗？③事件使得你必须以一种感觉不熟悉的方式来思考或做出选择吗？④事件暗示了一个与道德相关的问题吗？⑤事件的发展既在意料之外，又在情理之中吗？

杭州经济技术开发区江湾小学的高丹老师就选择了这样一个极富冲突性的事件作为故事素材，成功地吊起了大家的胃口。

小甲是这样的一个男孩：上课时总是高高举起小手，若老师没叫他，他会迫不及待地高声把答案喊出来；课堂练习写字的时候，他不是第一个就是第二个把字写好的学生；学习非常积极，放学后也会多次跑到办公室找老师订正作业。但小甲的成绩不佳，他的字也让我头疼——基本上每一个字都需要一笔一画地教，所有需要注意的细节都被他“完美”地忽略了。小甲的课堂发言往往使我哭笑不得：有时他“抢”到了发言机会，等到站起来时，他已经忘了要说什么；有时候会说一些和问题毫无关系的话；即便很简单的问题，哪怕我刚刚讲过，他基本也回答错误。这样的一个男孩，你不能说他不认真，可是他学习起来又是那么费力，我教起来也是那么费力。

3. 对事件背景进行描述

育人故事具有情境性，所有的故事都是发生在特定背景下的。在不同的背景下，同一个事件有可能具有不同的性质。离开了故事发生的具体背景，大家也很难理解故事的内容。面对故事中各种矛盾冲突和不同人物的选择，如果不了解故事的背景，就很难设身处地地理解他们行动的理由，也很难产生共情。此外，离开了背景的烘托，大家也就缺少了身临其境的感受。因此，班主任若想讲好育人故事，就必须先交代故事发生的具体背景，即故事发生的时间、地点以及人物等基本信息。

4. 深描细节

深描原是人文社会科学中的一种研究方法，这里取其字面意思，即详尽地描写。细节是成就好故事的基础，细节决定成败。没有细节的故事是干瘪无趣的，而对细节描述生动的故事则有了灵魂，能够引发强烈的沉浸感和代入感。班主任要学会从日常事件中发掘问题形成、发展的关键细节，在故事中给予放大、特写和深描。例如，海盐县滨海小学的孙亦华老师在她的育人故事中就生动地刻画了这样一个场景。

“老师！老师！我们班和一班快要打起来了，您快去看看吧！”拔河比赛结束后，我刚回到办公室休息两分钟，我班几名学生就冲进来气喘吁吁地向我报告。我快步跑到事发地点，发现我班和一班各有几名学生仿佛“两军对垒”般怒目相向，小拳头攥得紧紧的。我稳了稳自己的情绪，示意他们先回各自的教室去。

回到教室后，我开始尽量心平气和地了解情况。在刚才的拔河比赛中，我班在和一班的冠亚军决赛中败下阵来。没能夺冠，我班学生本就情绪低落，一班几个调皮的男生在谈论比赛结果时表示我班实力不如他们，这句话又恰巧被我班学生听到。几名学生不服气，就和他们争论了起来，于是就出现了“两军对垒”的一幕……

上面这个故事片段对细节的描写就是深描。这种深描能够让大家注意到平凡事物中的不平凡，感受到育人故事的戏剧性张力，体会到问题的紧迫性和严重性。笔者在担任大赛评委的过程中，就常常被优秀班主任育人故事中对细节的细致刻画吸引和感动。这样的深描，让笔者深深体会到顾明远所说的“教书育人在细微处”的奥秘。

第四节　班主任故事力的修炼路径

一、学校层面

鉴于故事力在讲育人故事中的重要作用，学校要根据本校校情以及班主任的实际水平，抓住关键因素，给予教师必要的政策支持和专业引领。相关学校的实践表明，学校层面做好以下工作，对提升班主任的故事力大有裨益。

一是出台相应的激励政策，重视育人故事的收集和知识管理，提升班主任发掘班级育人故事的意识，鼓励班主任将日常教育与管理实践中的典型事件作为叙事研究对象，加以记录和提炼，以达到促进班主任养成反思班级管理实践得失的习惯、促进班主任专业觉醒的目的。

二是对班主任进行专项指导和引领，帮助他们系统学习教育叙事相关知识，掌握育人故事写作的方法和技巧，为他们提供讲好育人故事的思想养分和有力工具。

三是搭建育人故事分享平台，建立育人故事研讨制度。学校要围绕困扰班主任的焦点和难点事件，定期组织班主任开展育人故事沙龙、竞赛和评比活动。学校也可以在校报、学校网站、学校微信公众号开辟班主任育人故事专栏，给一线班主任提供讲育人故事的平台，让班主任的工作和智慧被公众"看见"。这样的平台和制度建设有多方面的意义：第一，给班主任提供了开启头脑风暴、共享智慧的机会，有助于形成班主任育人故事专业学习共同体，进而在学校形成育人故事文化；第二，满足和激发了班主任的成就感；第三，宣传和推广了班主任的育人智慧，有利于促进家校育人智慧的交流与协同。

二、班主任个人层面

（一）进行敏感性训练

育人故事偏爱有准备的人，这里说的准备指的是故事意识。只有具备了强烈的故事意识，你才会拥有一双慧眼，才能见他人之所未见，才能从司空见惯的现象中发现不寻常。只有发现了不寻常，你才能讲出与众不同的、富有创意的育人故事。这样的育人故事正是前文提到的有“增量”的故事，这样的育人故事才会让大家有茅塞顿开、眼前一亮的感觉。班主任可以借助写作理论中的陌生化效应[①]，有意识地开展有关育人故事的敏感性训练。

有位班主任在培训中听到同行分享的精彩育人故事后，发出了这样的感慨：班主任工作确实很琐碎，总会有那么一些时候，我们仿佛陷入了一种情绪的低潮，甚至产生倦怠感。很多时候我们也会被学生的种种行为感动，只是这样的感觉很快会被各种琐碎的事项冲散。若没有打开记忆的匣子，班主任很容易忘记自己在各种情境里品味过的这个工作带来的感动、快乐……而在培训过程中，同行分享的故事让她“猛然意识到，我也在做着类似的事情啊——学生犯错了我会低声询问，打翻了饭盒我没有责骂而是帮着一起收拾……本以为这些事情没有什么，但那次我突然发现原来这些事情对于学生是这样的有意义”[②]。

因为熟视，所以无睹；因为琐碎，所以无感。这正是陌生化效应反对的状况。班主任可以借助陌生化效应，有意识地对自己进行敏感性训练。在开展班级管理的过程中，班主任要有意识地提醒自己，警惕因班级生活的日常化而导致的忽视，要努力地对熟悉的班级现象保持陌生感，这种陌生感会重新唤起班主任对班级工作的新鲜感和激情，发展班主任讲述班级育人故事的意识和动力。

（二）撰写反思日记

1. 撰写反思日记的好处

撰写反思日记是班主任提升故事力的有效途径。班主任坚持撰写反思日记至少有以下两方面好处。

①将班级管理中的关键事件和自我成长记录下来，有利于班主任汲取经验、积累育人故事素材。在成长历程中，对那些具有重大意义的关键事件的

---

① 陌生化效应是指人们普遍存在着这样一种心理，即对熟悉的事物会很快失去接触的欲望和探究的兴趣，转而对新奇、陌生的事物产生兴趣。因此，我们可以借助对陌生化的期望，有意采用陌生化的方式，突破固有思维和语言的窠臼，从而带来耳目一新的感觉。

② 沈丹：《培训，最爱听那些班主任的故事》，载《班主任之友（小学版）》，2021（Z1）。

应对和处理往往会对个体发展产生深远的甚至是决定性的影响。通过撰写反思日记，班主任可以逐渐积累起丰富的经验资源，从而为自己讲好育人故事汲取智慧和养分。

②撰写反思日记是班主任溯源回顾、反省往事、提升反思力的有效途径。反思性教学是近年来在欧美教育界备受重视的一种促进教师专业发展的教师培养理论。反思性教学，即教学主体借助行动研究，不断探究与解决教学目的、教学工具等方面的问题，将“学会教学”与“学会学习”结合起来，努力提升教学实践合理性，使自己成为学者型教师的过程。波斯纳认为，没有反思的经验是狭窄的经验，至多只能形成肤浅的知识。如果教师仅仅满足于获得经验而不对经验进行深入思考，那么他的发展将大受限制。与普通教师相比，班主任的工作更具复杂性和全面性，反思更应该成为每一个班主任的日常习惯。没有反思习惯和反思力，班主任就无法讲出见解独到、富有教育智慧的育人故事。

2. 如何撰写反思日记

班主任应在每一天结束时在脑海中回忆一遍当天发生的事，并将其中的关键事件以书面形式记录下来。反思日记的内容可以包罗万象。其中常有的主题包括冲突、成功、失败、决策等。

班主任在撰写反思日记时需要注意的是，不能只将当天的活动名称进行简要的记载，而应注意将自己当时的所思所感同事件的过程一道记录下来。比如：

——发生了什么事情？

——我的想法是……

——我的感受是……

——我原打算做的是……实际上做的是……

——还涉及别的什么人？

——我认为所涉及的那些人有什么想法？他们原打算做什么？实际上做了什么？

——我能从中汲取什么经验？

（三）积极争取讲育人故事的机会，多讲故事，讲好故事

故事力，不仅是育人智慧的体现，而且是一种实际的技能。要想提高故事力，班主任需要勤加练习和实践。实践表明，积极争取在各种场合讲育人故事的班主任，育人故事素材会越来越多，育人故事质量会越来越高，讲故事的技巧也会越来越丰富。有志于讲好育人故事的班主任，应尽可能积极地参加故事沙龙、论坛、研训、比赛等专业活动，主动地争取各种讲育人故事的机会，通过实践切实提高自己的故事力。

第二章　提炼带班育人方略

2021年，长三角地区中小学班主任基本功大赛首次将对带班育人方略的考察纳入比赛，旨在通过这一内容的增设，促使班主任认识到班级管理不能仅仅考虑具体的班级管理方法、措施，而要有全局意识和战略高度。

第一节　带班育人方略：内涵与意义

一、带班育人方略的概念

方略，出自《荀子·王霸》，通常指的是全盘的计划和策略。在汉语中，与方法相比，方略具有战略意义，通常指具有全局意义、建设性和长远目标的指导思想，如治国方略。而方法则是解决某类问题的方式和途径，一般指具有具体意义、有针对性的措施和办法。

带班育人方略，是指班主任以对学生的思想品德教育为重点，以一定的育人理念为指导，根据班级实际情况而制定的包括班级发展目标、班集体建设路径、具体实施方法的一整套班级管理体系。带班育人方略作为班主任的工作指南和操作手册，是班主任专业水平的综合体现。

二、带班育人方略的特征

长三角地区中小学班主任基本功大赛对“带班育人方略”的考察要求是：以学生思想品德教育为重点，通过班集体建设实现育人目标，梳理并总结班主任带班过程中的育人理念、思路和具体做法，做到成体系、有特色、有创新、有实效。带班育人方略文本包括带班育人理念、班级发展目标、实施策略等内容。育人理念要遵循育人规律，班级发展目标应符合学情、明确具体，实施策略应体现系统性和针对性，特色突出、可操作性强。从大赛的上述要求看，和一般意义上的班主任班级管理经验和方法相比，带班育人方略具备以下特征。

（一）由仅凭直觉、经验转向理念指导

长期以来，由于职前培训或岗前培训不足，一部分中小学班主任对于班级管理缺乏系统、清晰的认识，也没有相应的方法和策略，在很多情况下，都是凭借朴素的爱心、自己在学生时代被“管理”的经验甚至是“灵机一动”的直觉，来组织和开展班级管理活动的。在这种状态下，班级管理缺乏清晰的目标，也没有合理的计划，班主任推行的各项管理举措时灵时不灵，班级运行不稳定，班主任很容易产生挫败感和无法胜任感，进而产生强烈的“离岗意愿”，不愿意担任班主任工作。

相关链接

那一年，我第一次当班主任。那时的我，踌躇满志，情绪激昂，信心百倍，心里萌生着一个又一个设想。我想，凭着自己的一腔热情及爱心，一定会把班主任工作做好。但是，实际工作远非想象的那样顺利。我的学生过于活泼好动，大部分欠缺自制力。面对这么多极其活跃的学生，我彻底乱了阵脚。由于缺乏经验，我顾此失彼，疲于周旋，工作激情也一天天消退。自己不知道该怎么做，头脑中完全没有主意，一天天被学生拖着走，身心疲惫。今天学生打碎了玻璃，明天学生撞碎了黑板。那时，我最怕的人是政教主任，最怕的场景是领导推门进入我的办公室。因为时常会有领导找我说，“你们班的学生又出事了！”，所以每当看见领导来我的办公室时，我心里就犯嘀咕，“该不会是谁又惹祸了吧？”。我感觉自己就像一个败兵，留在心里的只有无尽的遗憾，以及遗憾中夹杂着的一丝愧疚。[①]

许多知名班主任在回顾自身成长经历时，几乎都提到了相似的职业低谷

① 张万祥：《班主任专业成长的途径——40位优秀班主任的案例》，71页，上海，华东师范大学出版社，2008。

期。班主任走出低谷期，找回自信，带好班级的关键在于通过反思、学习，确立先进、清晰的育人理念以指导自己的班级管理工作。凭借直觉和经验，班级管理并不能顺利进行；而先进、清晰的育人理念则可以让班主任运筹帷幄、胸有成竹。

（二）由碎片化管理转向系统化管理

一部分经验型班主任对班级管理没有整体规划和系统性思考，往往陷于大量琐碎的事务性工作中，疲于应付，班级管理的手段是“见子打子”“头痛医头、脚痛医脚”，班级管理呈现出碎片化状态，不能有效发挥班集体的整体育人功能。而大赛中的带班育人方略则对班主任的班级管理工作提出了系统性和针对性的要求。从比赛的情况来看，优秀的带班育人方略都有着显著的整体性和结构化思维特征：第一，班主任要确立先进、清晰的育人理念；第二，在育人理念的指引下，通过对班情的科学诊断和分析，建立班级发展目标；第三，围绕班级发展目标，探索实现班级发展目标的多元化路径和举措。通过结构化思维，带班育人方略将班集体建设、班级日常管理、学生成长指导、特色活动开展等要素，整合为以班级目标为核心、以育人理念为导向的完整的班级管理运行体系，从而实现从“我有一招”到“我有一套”的转型和升级。

（三）重视班集体建设，发挥班集体育人功能

建设班集体并充分发挥班集体的育人功能，既是班主任的重要职责，也是班主任专业素养的综合体现。《中小学班主任工作规定》提出，认真做好班级的日常管理工作，维护班级良好秩序，培养学生的规则意识、责任意识和集体荣誉感，营造民主和谐、团结互助、健康向上的集体氛围。但是，在实践中，中小学班主任普遍较为重视对学生个体的教育引导，而忽略建设班集体和发挥班集体育人功能。

班集体作为中小学育人的基本单元，是班主任教育和管理的对象，对学生个体来说，也蕴含着巨大的教育力量。正如苏联教育家马卡连柯提出的平行教育原则指出的那样，既要把集体作为教育对象，在教育集体的同时通过集体去教育个人，又要在教育单独个人时想到对整个集体的教育，通过对个人的教育影响集体。中小学班主任基本功大赛设置考察“带班育人方略”的环节，展现班主任对班集体教育的整体思考，全面梳理并总结班主任在班集体建设过程中的育人理念、思路和做法，其目的正是在于引导班主任重视建设班集体，重视发挥班级的管理育人功能。

三、提炼带班育人方略的意义

（一）立德树人的时代要求

国无德不兴，人无德不立。近年来，党中央坚持把立德树人作为基础教育的根本任务。习近平总书记提出，基础教育是立德树人的事业，要旗帜鲜明加强思想政治教育、品德教育，加强社会主义核心价值观教育；坚持把立德树人作为中心环节，把思想政治工作贯穿教育教学全过程；要把立德树人的成效作为检验学校一切工作的根本标准。而班主任作为中小学日常思想道德教育的主要实施者、中小学生健康成长的引领者、中小学生的人生导师，是中小学“立德树人”最中坚的力量。班主任在落实立德树人方面最重要的体现是对中小学生进行价值观的教育和引领。把每一个学生都培养成拥有向上、向善之心的人，这样的价值观教育是中小学班主任工作的“魂”。[①]“打铁还需自身硬。”中小学班主任要完成立德树人的重要使命，前提是自身要树立科学、先进、积极的育人理念，将班级管理工作上升到为党育人、为国育才的高度，有意识地用社会主义核心价值观来指导自己的班级发展目标制定、班集体愿景规划、班级文化建设和班级活动开展。从这一角度看，班主任能否高质量提炼带班育人方略，能否保证育人理念的格局和方向，关乎班主任能否担负立德树人的重大使命，中小学校及班主任个人对此绝对不可掉以轻心。

（二）带班育人工作日趋复杂、艰巨的现状使然

网上有这样一段关于“新时代班主任标准”的话：“班主任应上得了课堂，跑得了操场；批得了作业，写得了文章；开得了班会，访得了家长；解得了忧伤，破得了迷惘。”当前，班主任的带班育人工作日趋复杂、艰巨，这是

① 李秀萍：《不一样的班级管理：价值观教育的实用策略》，3页，上海，华东师范大学出版社，2014。

业内公认的现实。主要体现在两个方面：一是班级管理工作本身日趋复杂、艰巨，内容繁复；二是育人工作的挑战性日益提高。面对空前困难的局面，班主任如果还只凭借爱心、直觉和经验来开展班级管理工作，那么肯定达不到理想的效果。因此，班主任必须进行对带班育人方略的提炼，实现前述由仅凭直觉、经验向理念指导转变，由碎片化管理向系统化管理转变，重视班集体建设，发挥班集体育人功能。唯有如此，班主任才能有效地提升自身对班级管理工作的胜任力。

第二节　带班育人理念的凝练

一、带班育人理念的概念与价值

带班育人理念即班主任在班级管理过程中，通过反思自身班级管理实践经验、学习专业知识、参考借鉴他人成功经验，在头脑中逐步形成并用于指导自己带班育人实践的观念和思想。带班育人理念是带班育人方略的灵魂和核心，有无先进、清晰的带班育人理念是经验型班主任和专家型班主任的分野。概言之，带班育人理念的重要价值主要体现在指引班级管理实践和促进班主任专业发展两个方面。

（一）指引班级管理实践

对于任何社会实践活动来说，理念都是行动的先导。只有确定了先进、清晰的发展理念，才有可能制定正确的发展目标和有效的发展举措。班主任的带班育人实践也是如此。如前所述，在变动剧烈、形势严峻、挑战与机遇并存的今天，传统的学校教育面临着前所未有的巨大挑战，中小学德育及班级管理面临的形势也日趋复杂，中小学班级管理实践中有大量难题困扰着班主任。例如，班主任如何引导学生形成正确的价值观？如何使学生既取得学业成功，又能发展个性特长？如何平衡好学校指令和家长要求之间的关系？信息化时代，学生合理利用网络和网络成瘾的界限何在？美国当代教育哲学家乔治·F. 奈勒指出："个人的哲学信念是认清自己的生活方向的唯一有效的手段。如果我们是一个教师或教育领导人，而没有系统的教育哲学，并且没有理智上的信念的话，那么我们就会茫茫然无所适从。”[①]奈勒所说的教师或教育领导人的“系统的教育哲学”和“理智上的信念”，对应到班主任工作中，就是班主任的带班育人理念，它是班主任描绘班级发展愿景、树立班级发展目标、带领学生开展班级活动的指南。缺失了带班育人理念，班级这艘航船就会迷失方向。

（二）促进班主任专业发展

对北京市 400 名优秀班主任的实证研究表明，优秀班主任的专业发展大致可以分为适应期、探索成长期、成熟创造期和持续发展期四个阶段。适应期是由新手班主任向合格班主任转化的基础积累阶段。这一时期班主任虽已逐步熟悉班主任的工作流程，但教育实践经验较为匮乏，渴望学习优秀班主任先进的教育理念。在探索成长期，班主任实践经验逐渐丰富，开始探索和努力形成自己的带班特色，能按照个人教育理念去处理班级事务。在成熟创造期，班主任则对教育与管理有自己独到的见解，班级管理工作开始走向特色化、创造化。在持续发展期，班主任的主要特征是终身学习、勤于反思、开拓创新、充满人文关怀。[②]从各阶段的特征来看，班主任有无确立先进、清晰的育人理念以及有无形成个性化的带班特色和独到见解，是区分班主任不同的专业化水平的重要标志，而这也正是判断班主任有无高质量的带班育人方略的核心内容。那些为大家所熟知的著名班主任，无一不具备清晰的辨识度，并拥有实践确证的育人理念和班级管理智慧。比如，魏书生的班级民主化、科学化的管理理念及“建立班级银行”“写说明书”等管理举措，万玮的“班主任兵法”，李镇西的“爱心与民主”带班理念等，都已成为我国中小学班主任工作中的经典和指南。从这一意义上看，班主任的专业发展之路，也正是班主任带班育人理念的建构和确立之路。

---

① 陈友松:《当代西方教育哲学》，杨之岭、林冰、蔡振生等译，135 页，北京，教育科学出版社，1982。

② 刘京翠、王飞、李蒙:《北京市中小学优秀班主任的成长轨迹与规律》，载《中国德育》，2015（14）。

二、影响带班育人理念形成和发展的因素

影响带班育人理念形成和发展的因素主要包括先行因素、内部因素和外部因素。先行因素是指班主任任职前的各种经历，主要包括学生时代的受教育经历，以及对自己产生巨大影响的重要他人和关键事件；内部因素主要是指班主任的个人专业知识、反思意识和反思能力等；外部因素主要是指班主任所处的工作环境即学校环境，包括学校文化和学校为班主任专业发展提供的制度支持，如开展师徒结对、创立班主任工作室等。这三方面因素共同影响着班主任带班育人理念的形成和发展。（图 2-1）

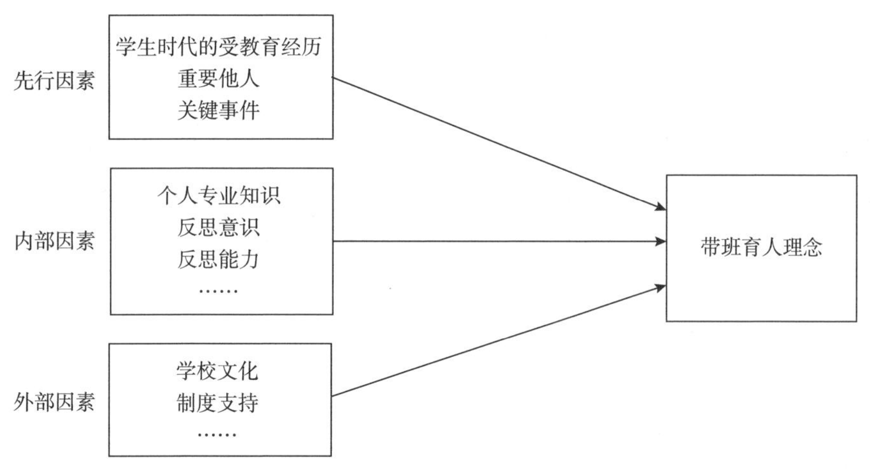

图 2-1　影响班主任带班育人理念的三方面因素

（一）先行因素

相关链接

长大后我要成为你

之所以对老师如此崇拜和尊敬，是因为我是吃老师家的饭长大的，这饭一吃就是十余年。因为家境贫寒，我与老师接触的机会变多了。我永远忘不了，小学的班主任姚老师连夜为我缝制一条裤子，只是为了让我穿着新衣服开心地过年；我永远忘不了，寒冷的冬天，七年级的班主任巩老师端给我一碗热气腾腾的面条；我永远忘不了，八年级的班主任唐老师递给我一叠崭新

的饭票，说青春期的孩子一定要吃饱；我永远忘不了，九年级的班主任孙老师给予我的无微不至的关心和爱护……因为太多的忘不了，那一幕幕经常浮现在我的眼前，告诉我：接受别人的爱，也要学会创造爱、给予爱、回馈爱。长大后，我要成为像老师这样的传递爱的人！①

“小时候我以为你很有力 / 你总喜欢把我们高高举起 / 长大后我就成了你 / 才知道那支粉笔画出的是彩虹 / 洒下的是泪滴 / 长大后我就成了你 / 才知道那个讲台举起的是别人 / 奉献的是自己……”正如歌词所写的那样，学生时代的经历，给班主任带班育人理念的形成奠定了基调。研究者一致认为，早期的受教育经历，让教师在入职前就已经拥有了“基于个人经历的教与学的信念”。而众多中小学班主任的教育叙事中也描绘了同样的情形，即学生时代的班级生活体验让其形成了初步的班级管理倾向和观念。这些倾向和观念构成了新手班主任开展班级管理活动的早期心理资本。特别是学生时代所经历的关键事件或遇见的重要他人，对班主任带班育人理念的形成有着历久弥新的重大影响。

（二）内部因素

除了先行因素之外，班主任的带班育人理念还受到个人专业知识、反思意识和反思能力等内部因素的影响。

1. 个人专业知识

从班主任专业化的角度看，我国中小学班主任的个人专业知识存在着先天不足的短板。2006 年，《教育部关于进一步加强中小学班主任工作的意见》就提出“做班主任和授课一样都是中小学的主业”，班主任工作自此名正言顺地由“副业”变为“主业”。在选聘条件上，特别指出“班主任岗位是具有较高素质和人格要求的重要专业性岗位”，从而明确了班主任绝对不是谁都能当的，正式确立了班主任的专业性地位和不可替代性。而 2009 年，《中小学班主任工作规定》更是明确规定，“班主任要努力成为中小学生的人生导师”“教师担任班主任期间应将班主任工作作为主业”，从国家制度层面确

① 张万祥：《班主任专业成长的途径——40 位优秀班主任的案例》，152 页，上海，华东师范大学出版社，2008。

认了班主任的专业身份与地位。

班主任面对的是复杂的人，班主任工作是一项综合性很强的工作，涉及多个领域、多门学科，需要班主任具有较为广博的知识。参照教师的知识结构，带班育人工作需要班主任具备理论性知识和实践性知识。现实中，中小学班主任普遍重视了解和掌握班级管理的各项具体技能，如如何选拔班干部、如何召开主题班会、如何与学生沟通、如何处理班级偶发事件、如何开家长会等，大多数班主任平时很注意收集、整理这类实践性知识；相比之下，对理论性知识的学习则较为忽视。

实证研究表明，班主任和科任教师的素养结构不尽相同。班主任首先是教师，当然要具备所有教师应具备的“基础素养”，如为人师表、教育责任感、关爱学生的能力、教育教学能力等。这些基础素养从知识类型的角度看，属于教育教学的条件性知识。但班主任除了要担负教师的学科教学任务之外，其“主业”更体现为“带班育人”。这就要求班主任还应具备超出普通教师、完成带班育人职责的班主任“核心素养”，如班集体建设能力、学生发展指导能力、教育沟通协调能力。[①] 这些核心素养从知识类型的角度看，属于班主任工作必备的本体性知识。然而，长期以来，我国学术界对班主任本体性知识缺乏全面、细致的研究，尚未能形成成熟、科学的班主任本体性知识体系。与此相应，我国各级各类师范院校师范专业的课程内容中有关班主任本体性知识的内容也显得不足。知识结构的不合理和知识储备的不足，让班主任难以运用先进、科学的原理，去透视复杂多变的班级管理现象背后的规律，进而无法深入探索和尝试构建个人的带班育人理念。

2. 反思意识和反思能力

在带班育人理念形成的过程中，班主任并非完全被动地受制于先行因素、当下主流教育理论、学校文化等因素。这些因素究竟在多大程度上影响班主任的带班育人理念，还取决于班主任自身的反思意识和反思能力。反思意识和反思能力是影响班主任带班育人理念的主要因素。反思意识和反思能力越强，班主任就越有可能建立正向、积极的理念。

① 耿申、魏强、江涛等:《班主任的专业素养：基于实证研究的体系建构》，载《中国教育学刊》，2020（12）。

（三）外部因素

班主任的带班育人理念还受到所在学校文化和制度的外部影响。学校文化是学校群体成员价值观念、信仰、态度和行为的综合体。学校教育理念是群体成员的整体价值取向的集中体现，具有整体性、主流性的特征。班主任个体作为学校一分子，其自身的工作经历、感悟、情绪、体验都与学校息息相关，班主任带班育人理念的形成、发展也相应地受到学校教育理念的影响。比如，民主、宽松、平等的学校文化氛围有利于班主任形成民主、授权的班级管理理念；而严苛、僵化的学校文化氛围则更可能导致班主任形成高控、专断的带班风格。此外，学校有没有给班主任的专业发展提供制度支持，是否经常开展班主任的专业发展活动，有没有给班主任配备指导教师等，都极大地影响着班主任带班育人理念的形成和发展。

三、带班育人理念的凝练之道

带班育人理念是班主任带班育人方略的核心和灵魂，是班主任专业发展水平的标志。那么，我国中小学班主任的理念现状究竟如何？研究者对 3 所省级全日制高中的 55 名班主任的实证调查结果表明，真正持有先进、清晰的理念来指导自己带班育人工作的班主任的比例仅为 9%，持有较为清晰理念的班主任的比例也只有 25.6%。[①] 上述调查结果与笔者十几年来担任各级各类班主任基本功大赛评委和参加班主任培训活动的感受相吻合。从这一角度看，形成和确立先进、清晰的带班育人理念，已成为班主任专业发展的突破口。

综合相关研究，笔者认为，中小学班主任凝练带班育人理念主要有以下三条途径。

（一）加强专业阅读：从专业书籍中学习理念

苏霍姆林斯基说过："读书，读书，再读书！——这是教师的教育素养这个品质所要求的。"[②] 如前所述，我国中小学班主任的专业知识基础略显薄弱，尤其是对理论性知识的学习较为忽视。而理论性知识是影响班主任形成带班

---

① 田春利：《重点高中班主任班级观念的实证研究》，载《长沙大学学报》，2002（1）。

② 张万祥：《苏霍姆林斯基教育名言》，344 页，天津，天津教育出版社，2008。

育人理念极为重要的因素之一。专业书籍是理论性知识的主要载体，阅读专业书籍是班主任获取理论性知识、形成带班育人理念的重要渠道。国内众多知名班主任都谈到过阅读对于其自身专业发展的巨大推动作用。

相关链接

以书为友，与大师对话

班主任光有爱心是不够的，更要学会科学地、理智地爱学生。2001 年 9 月，又一次带高一学生，我发现自己还在重复“昨天的故事”。虽然处理班级事务比刚当班主任时顺利多了，但我感觉自己仍在“原地踏步”，为班级事务疲于奔命。

于是，我对自己两年多的班主任工作进行了全面的反思。反思的结果是，我的班主任工作还停留在经验层面，缺乏教育艺术，缺乏教育科学理论的指导。我开始去找心理学、教育学方面的理论书籍，与书交朋友，与大师进行对话。魏书生老师的《班主任工作漫谈》让我爱不释手，我一边看书，一边把魏老师的班主任工作方法借鉴过来，应用到自己带的班级，取得了一定的成效；李镇西老师的《爱心与教育》使我对班主任工作有了更加深入的了解，我对后进生的转化工作更加有耐心了；在班主任工作中遇到困难时，我会去找张万祥老师的《班主任工作创新艺术 100 招》，从中寻求帮助；万玮老师的《班主任兵法》不仅让我对班主任工作产生了新的认识，班主任工作既需要爱心和勤奋，也需要教育智慧，而且让我对读书有了新的看法，教师读书，不能仅仅把视野限制在教育学、心理学方面，也要读一些其他学科的书籍，如企业管理学，借鉴其他学科的理念和工作方法，这些会对班主任工作有很大的促进作用。

我也向卢梭、苏霍姆林斯基、陶行知等大师学习，学习他们先进的教育理念和成熟的教育艺术。我还研读了心理辅导理论和实践类的书籍，把心理辅导技巧和学生思想政治工作结合起来，使学生更容易接受我的思想教育。2006 年，我考取了华东师范大学教育学硕士。在华东师范大学学习的一年时间里，我聆听了 60 多场专家讲座，阅读了大量教育学、心理学、社会学、哲学类的书籍，受益匪浅。[①]

杭州市育海外国语学校班主任鲁婧婧就是专业阅读的受益者。在中小学班主任基本功大赛中，她在带班育人方略中提出的“构建班级‘阿米巴’，产生无边界的领导力”的先进带班育人理念，就得益于她对稻盛和夫的《阿米巴经营》一书的深入研读。从《阿米巴经营》一书中，鲁婧婧老师体会到“人人都是经营者”，人人参与是在凝聚智慧，所有人不是在为别人做，而是在为自己做。诸多教育家也提出引导儿童自我教育的重要性。人们既是经营者，又是被经营者；儿童既是被教育者，又是教育者。企业管理与儿童教育都有着指向“人”的共同性，将企业管理思维运用到班级管理中，在小学生的日常管理中运用无边界化的经营思维，教育会生发出更多的可能。

基于这样的阅读体会，鲁婧婧老师提出了她的带班育人理念：构建班级“阿米巴”，产生无边界的领导力。在鲁婧婧老师提交的带班育人方略文本中，她对此做了深入的阐述。

阿米巴是一种企业经营模式，是以各个阿米巴的领导为核心，让其自行制订各自的计划，并依靠全体成员的智慧和努力来完成目标，通过这样，让每个员工成为主角，参与经营。

“每个人都了不起。”是的，每一个生命个体都有独特而重要的存在价值，都有做好事情、做好自己的能力。教育者更需要对人有这样的情怀与自信。我们面对的儿童正处于人生的起始阶段，有着较强的可塑造性。班级是儿童教育最有归属感的载体，在班级管理中，我们应始终围绕“人”的发展核心，产生人人管理、人人影响、人人自主、人人发展的无边界的领导力。

无边界的领导力，即打破常规班级管理制度，将静态管理变为动态管理，依靠扁平化组织模式和无边界的沟通，使班级里的人都成为管理者。班级中的每个学生、每位家长都成为班级文化的重要存在，分工明确，滋养共赢。

---

① 张万祥：《班主任专业成长的途径——40位优秀班主任的案例》，67~68页，上海，华东师范大学出版社，2008。

从上述阐述中不难发现，稻盛和夫的《阿米巴经营》是鲁婧婧老师带班育人方略的思想源泉。由此也可以看出专业阅读之于提炼带班育人理念的重要意义。

（二）做反思性实践者：从实践反思中体悟理念

20 世纪 80 年代，美国教育学者唐纳德 · 舍恩（Donald A. Schon）提出了“反思性实践”思想及“反思性实践者”的概念。舍恩认为真实的实践情境是充满着“复杂性、模糊性、不稳定性、独特性和价值冲突”的“湿软的低地”。其中，科学知识和技术手段不起作用，实践者借助的是“行动中反思”（reflection-in-action）和“行动中认识”（knowing-in-action），实践者的实践是以一种不确定性和艺术的方式努力探究的过程。① 受舍恩“反思性实践”思想的影响，教师作为“反思性实践者”的理念迅速为人们所接受。教师作为反思性实践者，其最典型的特征是在“行动中反思”。在复杂的教育实践场景中，教师不仅依赖现存的教育理论与技术去行动，而且努力去理解教育的实际情境，一边行动一边思考，不断地根据情境的变化去调整自身的思路和行动。教师借助在“行动中反思”，成为实践场景中的研究者，并不断探究问题情境，创造出新的问题解决方法，从而发展出“行动中的知识”，即实践性知识。

笔者认为，中小学班主任的带班育人工作，与舍恩提到的“复杂性、模糊性、不稳定性、独特性和价值冲突”的“湿软的低地”高度吻合。班主任也必须在“行动中反思”并获得“行动中的知识”，以应对高度复杂、模糊、不稳定和充满价值冲突的班级问题。国内关于优秀班主任专业成长路径的实证研究表明，反思是不同水平班主任成长分殊的开始，反思在新手班主任向专家型班主任发展的过程中同样起到关键作用。② 班主任反思，可以先从以下主题开始：反思工作中的学生观；反思班主任自身的表率作用；反思教育方法的有效性；反思教育的公平性；反思对学生了解的多少；反思制度的创新性。

① 王艳玲、苟顺明：《教师成为“反思性实践者”：北美教师教育界的争议与启示》，载《外国中小学教育》，2011（4）。

② 刘永存：《实践 · 反思 · 重构：优秀班主任专业成长路径的个案研究》，载《中小学管理》，2014（6）。

相关链接

在学习中充实，在反思中成长

送走一批学生，迎来另一批学生。对教育的思考越深入，我越觉得自己经验欠缺。我开始阅读古今中外的教育经典，期望从大家的典籍中寻找教育的无穷智慧，寻觅教育的至高境界。于是，孔子、苏霍姆林斯基、约翰·洛克等教育名人的著作摆上了书桌，我被他们生动的教育思想、鲜活的教育艺术深深感染着……我开始思考什么是真正的教育，什么是真实的教育。我开始明白教育不是追时尚、赶时髦，更不能急于求成、急功近利。科学的、正确的教育是育人，违背科学的、错误的教育是毁人。拥有正确教育思想的教育者诲人不倦，受错误教育思想支配的教育行为毁人于无形。

我认识到学生到学校不仅仅是为了求知识，更是为了求发展（能力与素质的发展）、求完善（道德与人格的完善）。我真切地感悟到“教育就是当你忘了在学校学到的知识后剩下的”这句话的深刻内涵。我认识到一个优秀教师不仅应教人以知识，而且应给人以精神；不仅应授人以智慧，而且应助人以发展。我感受到教育的复杂性与艰巨性。

我开始反思自己：我是一个什么样的班主任？我的育人思想是什么？教学理念是什么？教育风格是什么？于是，自主互动、开放有序、生动活泼的教学风格日渐鲜明；情感育人、亮点激人、文化塑人、自主管理的管理风格日渐成型；“把学生培养成一个健康的人”的育人目标日渐清晰、坚定。美国心理学家波斯纳提出教师成长公式：经验＋反思＝成长。而今，我真切地感受到：经验＋反思＋学习＝更快地成长。①

（三）深入领会学校精神：从学校文化中借鉴理念

如前所述，学校文化是影响班主任带班育人理念形成和发展的重要外部因素。学校文化是包括班级文化在内的被全体师生员工认同的共同文化观念、价值观念的总和。班主任和学生每天徜徉在校园里，学校文化中的隐性文化，

① 张万祥：《班主任专业成长的途径——40位优秀班主任的案例》，84~85页，上海，华东师范大学出版社，2008。

如校风、人际关系、办学愿景、文化传统、管理制度、管理方式等无一不对班主任和学生的身心产生潜移默化的沉浸式影响。对于有着较强专业自觉的班主任来说，学校文化不啻是班主任提炼带班育人理念、打造班级文化的宝库。班主任深入领悟学校文化精神，借鉴其中的精髓，并结合班级实际情况，形成自己的带班育人理念。这已成为不少优秀班主任提炼先进带班育人理念的重要途径。

第三节　班级发展目标制定与实施策略构建

一、科学制定班级发展目标

（一）制定班级发展目标的意义

班级发展目标是班主任带班育人理念的具体化，在班主任的带班育人实践中居于核心地位。概言之，班主任科学制定班级发展目标对于班级管理至少具有以下几个方面的重要价值。

第一，激励价值。合理的班级发展目标为学生提供了前进和奋斗的方向，能充分调动学生学习和参与班级管理的积极性，为学生努力学习、主动参与班级管理提供了行动的内驱力。

第二，规范价值。通过制定班级发展总体目标和明确的阶段性目标，班级的各项工作得以科学分类，进度和达到的标准得以明确，这有利于有序推进班级各项工作的开展，有利于对行动的结果进行科学的评价。因此，制定班级发展目标能极大地降低班级管理的随意性，提升班级管理的科学性和规范性。

第三，凝聚价值。班级发展目标给学生提供了心目中理想的班级发展愿景，班级发展愿景通过参与性原则而形成，是全班同学愿意为之奋斗并希望达到的图景。愿景形成的过程，是全体学生和班主任观念碰撞、交流和融合的过程。在反复的交流中，学生逐步形成集体主义观念，班级的凝聚力也逐步增强。

（二）制定班级发展目标的步骤

1. 诊断和分析班情

了解班级实际情况是科学制定班级发展目标的前提。学情，即学生的实际状况，是班情的核心。因此，在诊断和分析班情的过程中，关键对象是学情。诊断和分析学情主要包括两个方面：一是对学生个体的研究，如学业表现、学习态度、学习能力等学习情况，学生的个性、兴趣、特长，还有学生的家庭教育环境、家庭状况等；二是对学生群体的了解和分析，如班级整体学风、班风，不同情况学生的占比，以及与同年级其他班级的差异等。

在中小学班主任基本功大赛带班育人方略模块的评审过程中，笔者发现在班情分析上，选手们普遍存在着两个具有共性的问题。

一是走过场。很多选手不知道班情分析的目的，只是因为大赛文件中对带班育人方略文本有班情分析的硬性要求，所以就机械地插入这一部分内容。具体表现为没有分析的重点和针对性，把班级的各种情况一股脑儿地放到文本中，导致班情分析既与之前的带班育人理念完全脱节，也和之后的班级发展目标毫无关联。从本质上看，班情分析的实质是对班级状况的诊断。这种诊断有两个目的：通过对班级的了解和分析，提炼出班级中客观存在的问题，为后面班级发展目标的制定提供方向；在班级中挖掘与班主任带班育人理念相近的教育资源，为接下来构建实施策略提供载体和抓手。班情分析要紧紧围绕这两个目的来展开。

二是缺乏科学分析的方法，导致分析的质量不高。班级虽小，但它是一个异常复杂的教育微系统，里面存在着大量无序的问题线索和冗余信息。管理学中把这种系统形象地称为“垃圾箱”模型。要对这样的“垃圾箱”模型进行科学分析，很多班主任感到无从下手。事实上，有很多工具可以帮助我们对班情进行科学分析，其中，SWOT 分析最为适用。

SWOT 分析是企业制定发展战略时最常用的战略分析方法。SWOT 取 strengths（优势）、weaknesses（劣势）、opportunities（机会）、threats（威胁）四个单词的首字母。SWOT 分析就是通过调研，将组织内部的优势、劣势和外部的机会、威胁一一列举出来，并依照矩阵形式进行排列，对各种因素进行配对分析，并据此制订相应的发展战略与计划。

SWOT 分析操作步骤如下。①外部环境因素分析。外部环境因素包括外部环境中的机会与威胁，属于不可控的客观因素。②内部环境因素分析。内部环境因素包括组织内部的优势和劣势，属于能够去积极影响和改变的主观因素。进行优势、劣势分析，主要着眼于组织自身的实力及与竞争对手的比较，做到知己知彼，并确定组织能够做什么。③构造 SWOT 矩阵。④制订行动计划。在完成环境因素分析和 SWOT 矩阵构造后，便可以制订出相应的行动计划。制订行动计划的基本原则是：发挥优势因素，克服劣势因素，利用机会因素，相互匹配并加以组合，得出一系列促进组织未来发展的可选择的方案。（图 2-2）

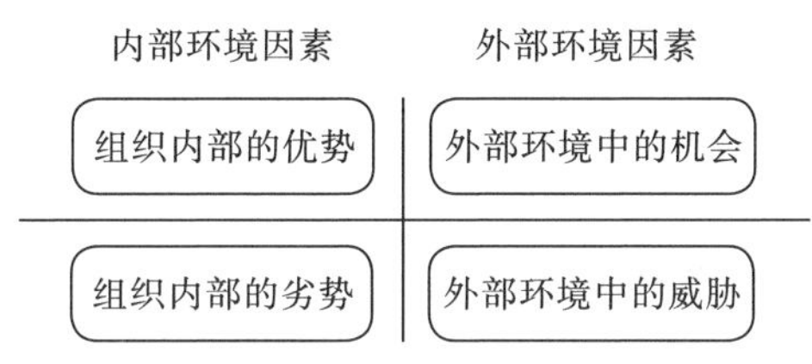

图 2–2　SWOT 矩阵

2. 建立班级发展目标体系

（1）形成班级发展总体目标

在对班级进行了科学诊断之后，班主任就可以以班情为依据，以班级问题解决为旨归，以带班育人理念为指导，来建立班级发展目标体系。首先，班主任要制定班级发展的总体目标。总体目标事实上就是班级发展愿景，即在班主任的引领下，全体师生经共同讨论而形成的全班同学愿意为之奋斗并希望达到的班级图景。总体目标要符合当下国家倡导的主流价值观，要体现先进、科学的教育思想，要有生动、直观的形象。班级发展总体目标既要基于班情、学情的实际，又要有一定的高度，对学生的发展起到引领和激励的作用。

（2）建立阶段性目标

对中小学生而言，班级发展愿景即班级发展总体目标，虽然激动人心、令人向往，但过于宏观。因此，在形成班级发展愿景之后，班主任要对班级发展总体目标进行分解，形成一个个具体的阶段性目标。

制定阶段性目标需要遵循 SMART 原则。SMART 原则由管理学大师彼得·德鲁克提出，已成为各组织设定目标的通用法则。SMART 原则指出，在管理过程中，目标要想真正发挥作用，其本身必须具备五个特征：①目标必须具体（specific）；②目标必须能够衡量（measurable）；③目标必须可以达到（attainable）；④目标必须和其他目标具有相关性（relevant）；⑤目标必须有明确的截止期限（time-based）。

班主任可以依据 SMART 原则，对本班级的各阶段性目标进行优化和改进，以提升各阶段班级管理活动的实效。

二、构建带班育人实施策略

如果没有扎实有效的实施策略，那么制定再好的班级发展目标也只能是画饼充饥。在班级发展目标体系成型之后，班主任必须构建配套的实施策略，以实实在在的行动来实现班级发展目标。在构建带班育人实施策略时，班主任要遵循以下要求。

（一）针对性强

所谓针对性是指实施策略旨在解决班级问题，与班级发展目标相呼应。例如，某教师通过班情分析，诊断出班级存在以下问题：依赖“人治”的管理方式；依赖“驱动”的班委群体；偏于“自我”的利己思想。通过对这些问题的研究与分析，班主任提出班级的核心问题是学生自主管理意识严重不足，班级自主管理制度缺失。基于这样的分析，该班主任提出班级发展总体目标：提升学生自主管理意识，打造基于“小组自治互评”的学生自主管理模式。在形成“自主管理”总体目标的基础上，班主任将其细分为三个阶段性目标：一是营造团结互助的班级文化；二是建设自治互评的班级自主管理制度；三是开展睿智精进的班级活动。接着，班主任针对三个阶段性目标分别构建了对应的实施策略：第一，全力开展“星光班”班级文化建设，包括共同创设班级口号、全员参与设计班名及班徽等；第二，探索班级“自治互评”的具体形式，优化自主管理的实施流程；第三，将班会作为活动开展的主要阵地，放手让学生去组织各种班级活动，让学生在自主活动中提升自主管理意识和实践能力。

（二）易操作

实施策略是否易操作是班主任的带班育人理念能否真正落地以及班级发展目标能否真正实现的关键。只有易于操作的策略，才会实施在孩子们的日常活动中，真正成为孩子们成长的养分。前述杭州市育海外国语学校鲁婧婧老师为落实“构建班级‘阿米巴’，产生无边界的领导力”的带班育人理念，创设了丰富多彩、便于操作的班级活动。

①儿童迷你 TED。技术、娱乐、设计（technology，entertainment，design，TED）大会以“传播一切值得传播的创意”为宗旨，我将 TED 表达的思想核心迁移到班级活动中，从一年级入班开始就十分注重培养学生独立思考的能力，并利用各种条件为每一个学生提供表达的机会。儿童迷你 TED 鼓励每个学生将自己的思考撰写下来，用演说的方式与大家分享。儿童迷你 TED 是在班会上进行的，同时开通了家长直播，全体家长也共同了解全过程。班会上，学生以阿米巴为单位进行风暴研讨，每个人在讨论中逐渐明晰自己分享的主题。各个阿米巴继续进行演讲稿的互评和论证，从倾听到提问，再到查找资料再次修改，一次次地模拟演讲，组内互提建议。最终，我们找到一个公益的舞台，各个阿米巴邀请了嘉宾，大家共同见证这样一场教育实验的成果，一起倾听学生们的思考。

②辩论赛。学生们热衷于思考问题，热衷于探索自己未知的领域。为了让思考更加深入，我进行了从演讲到辩论的形式化升级。

利用午间休息，教室里循环播放国际大学群英辩论会视频。刚开始仅几个人感兴趣，后来全班同学都着了迷。于是，我班以阿米巴为单位进行了晋级辩论赛，在轮番的晋级辩论赛中，班级中逐渐出现了辩论高手。

除此之外，鲁婧婧老师的班级里还经常开展故事爸爸、亲子诵读、豆儿讲坛、我和我的家乡、家长进课堂、阅读手拉手、亲子运动会等活动。这些活动趣味性强，易于开展，便于参加，给“产生无边界的领导力”提供了有力保障。

（三）成体系

目标达成需要教育合力，这就对实施策略提出了系统化要求。实施策略只有形成了体系，才会有直击人心的强大力量。杭州银湖实验小学王雅菲老师提出了自理、自律、自强的“三‘自’经”班级发展总体目标，并根据年级将其分解为低段自理奠基、中段自律深耕和高段自强发展三个阶段性目标。为实现班级发展目标，王雅菲老师与学生一起精心构建了高度系统化的“三‘自’经”实践策略体系，并取得了显著的活动效果。（图 2-3）

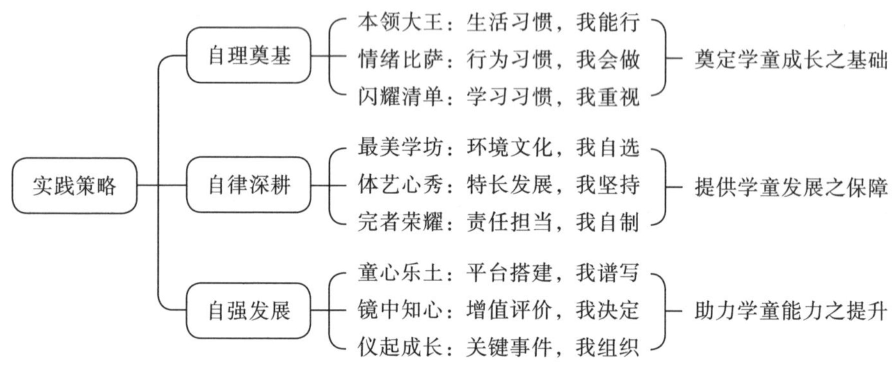

图 2-3 “三‘自’经”实践策略体系

【案例 2-1】

我的带班育人方略

一、带班育人理念：劲拔青松，众木成林

通过建构“劲松印象”课程群，引导学生传承这样的劲松精神：向阳而生的进取精神，坚韧不拔的拼搏精神，富有担当的责任精神，众木成林的合作精神。所以，我对核心素养班本化的释义就是，在继续传承学校百年劲松精神的同时，结合中国学生发展核心素养涵盖的 18 个基本要点，实现我班的青松印记“阳光、坚韧、担当、合作”向核心素养涵盖的“文化基础、自主发展、社会参与”方面辐射。

二、班级发展目标

（一）班情分析（略）

（二）总体目标

通过带班育人理念的落地生根，让学生在活动中学习，在学习中体验，在体验中感悟，在感悟中提升，即拥有像松树那样向阳而生的进取精神，顽强不屈的坚韧性，富有担当的责任心。

（三）阶段性目标

第一阶段：向阳呼吸，松子萌芽。通过班级硬环境和软环境的渲染，引导学生向阳而生，共绘松文化愿景；自由呼吸，共筑青松林生态；滋润心田，共描青松林印记。

第二阶段：坚韧不拔，松枝蕴节。通过松果晋级赛，磨炼学生的顽强意志；通过松枝挑战营，修炼学生的坚韧品格。

第三阶段：快乐担当，松花初绽。通过松针行动社，引导学生自立自强、自主管理、自觉担当；通过松花俱乐部，引导学生拥抱差异、众创共生、持之以恒。

第四阶段：众木成林，松香满园。以松子展览馆，展示班级达人风采；以松香志愿团，行公益，聚能量；以神奇青松汇，引导学生有创意地生活，筑梦未来。

三、实施策略

（一）向阳呼吸，松子萌芽

松子的萌芽需要沐浴阳光，汲取养分。班级就像一个生态林，要想使每一粒松子在生态林里自主萌芽、自由生长，就需要班级硬环境与软环境来滋养根脉。

1. 向阳而生，共绘松文化愿景

在班级这片沃土中，我们就如同一棵棵茁壮成长的小青松。在班级名字的讨论会上，“小青松”以绝对的选票优势，成为班级的名字，图 2-4 是班级徽标。“三生万物”，图中的三棵小青松虽然稚嫩但树干挺拔，枝叶舒展，紧紧地扎根于脚下的土地，自在呼吸，向阳生长。三棵小青松紧紧地环绕在一起，正所谓众木成林。团结协作、同心协力建设我们共同的班集体是每棵小青松的愿望。

图 2-4　班级徽标

2. 自由呼吸，共筑青松林生态

每学期初，我们都会一起制定一份共同的“班级公约”，让班级的运行更规范、更有序。“共读一本书”是每个学期的活动，“百味林”里聚集了大家带来的优秀书籍。

人人为我，我为人人。丰富的藏书让每个同学都得以饱尝精神大餐。“共读一本书”活动让我们拥有了共同的话题，思想和智慧在这里碰撞出火花。

3. 滋润心田，共描青松林印记

班级丰富的活动让我们有更广阔的舞台来锻炼自己。我们以“松文化诗词大擂台”“松元素服装设计师”“讲担当故事”“诵进取精神”等活动浸润松文化。儿童文学作家任大霖、任哥舒等都是我们的校友，我们在校园内外共同寻访了他们的足迹。2007 年 5 月 17 日，任哥舒来我班指导，就写作、读书等问题耐心解答。以此为契机，我们还组建了“任大霖文学社”。“引进来”与“走出去”相结合，让青松林印记自然形成。

（二）坚韧不拔，松枝蕴节

“大雪压青松，青松挺且直。”松枝的这种不屈精神，正契合了时下我们的小青松需要养成的品格——坚韧不拔。

1. 松果晋级赛，磨炼顽强意志

（1）五日签到——唤醒意志力

我带领全班进行了“五日签到”的尝试：连续五天达到目标积分，就可兑换相应奖励。具体操作中，我们以小组为单位打卡评分，以“龟兔赛跑”活动引导大家你追我赶。每学期的始业教育课，我都会引导学生设置与拆分学期目标，并将每日的目标评价结果纳入“龟兔赛跑”活动中，让学生通过目标的拆分与建立，唤醒自身的意志力。

（2）松果晋级——经营成就感

我班结合学校的“松果评价体系”，也推行了类似的“松果晋级”制度。每个等级都对应一个特权，达到某个等级就可获得相应的特权。这一制度旨在激发学生的学习内驱力，感染积极的镜像意志力，经营学生内心持续的成就感。

2. 松枝挑战营，修炼坚韧品格

（1）“心心相融”微项目——异质组合聚松能

依托“心心相融”微项目，我引导学生在小队中自主策划团体游戏。大家根据自己确定的主题，选择各自的小队，根据异质组合原则，形成一个个向“心”小队。当每个小队有了各自的设计主题后，再邀请各学科的老师在课外给予更专业的指导与帮助，使学生在活动中不断汇聚“松能量”。

（2）团体游戏嘉年华——合作协调铸松魂

随着团体游戏的最终开展，真正全身心投入并合作是必然的，这就需要学生在游戏中学会分工、协作、包容、信赖。在每次团体游戏嘉年华后，我都会留给学生充足的时间回顾游戏过程，交流各自的体验。在复盘回顾中，我引导学生看到他人的长处，通过在语文课上交流分享日记、在班会上展示心路历程、在道德与法治课中探讨矛盾冲突等方式，使学生慢慢学会接纳他人、欣赏他人，实现彼此支持和共同成长。

（三）快乐担当，松花初绽

1. 松针行动社，因践行而自觉担当

（1）小鬼当家项目——自立自强明担当

低段，通过“我会整理书包”“我会系 / 洗红领巾”等主题活动引导学生为自己服务，做自己的主人。

中段，通过“今天我当家”“外出游玩我安排”“安全锦囊我制作”“压岁钱我管理”等主题活动培养学生当家作主的责任意识、自我保护意识与节约意识。

高段，带学生到劳动基地体验劳动，借助“资源再生同盟”对身边的可回收垃圾进行“手工变身”，然后将变身技巧通过各自的宣传辐射出去，从我做起，践行担当。

（2）班级服务项目——自主管理行担当

“轮流做值日班长”“人人有岗位”“我为班级献爱心”“我为班级添光彩”等班级志愿者课程的实施，可以很好地引导学生形成集体荣誉感与合作精神。此外，我们还有“日行一善者”活动，带领学生经历一个从学善、行善、思善到扬善的过程。学生通过长期的观察、记录、感受、体验，在头脑中逐渐形成善的道德观念。

2. 松花俱乐部，因内化而持之以恒

（1）创假日小队——拥抱差异共成长

假日小队是近几年学校在寒暑假对学生实施德育的主要活动形式。每次活动前，我都会在班级里根据家长资源和学生能力确立几个活动队长，然后进行相关活动主题布置、分配等，引导学生创建“假日小队”，并在开学初通过展示假日小队的活动内容、过程，以及队员们的活动所得，来呈现该假日小队的风采。

（2）晒魅力中队——众创共生汇松林

借助每年的优秀作品展等活动，汇小队力量，展中队风采，为学生搭建独属于他们自己的舞台。不论是前期的校级海选赛，还是最终的名次角逐赛，每个学生都在积极、认真地演绎，直到活动当天用最美的状态迎接自己的舞台。

（四）众木成林，松香满园

1. 松子展览馆，班级达人展风采

每个学生都是一粒会发光的种子，我们通过“班级达人”活动，来帮助这些种子们绽放自己的那一束光芒，如校园赛车手、版画家、跳绳王、小作家、口算王、魔术师、故事王等。通过各类比赛活动，那些暗自发光的种子崭露锋芒，那些渴望发光的种子开始积聚能量，为下次发光做足准备。

2. 松香志愿团，公益行动聚能量

为了让学生清楚地感受到自己富有担当的责任心，让家长、老师看到学生的努力成果，更为了将抽象的担当、责任具体化，我们给每个学生定做了一本“志愿者服务证”。服务证上登记、累积的服务时间，不仅将学生的那份“担当”呈现了出来，也给“劲松印象”课程群提供了一个评价载体。

3. 神奇青松汇，创意生活向未来

以“神奇”为导向，引导学生通过自己闪亮的眼睛，自发去探秘、寻踪。经历了一系列探究过程后，他们在感受神奇的同时学会了自觉发现、学以致用、用以促学，进而拓宽了学习视野、拓展了学习场所、丰富了科学知识、培养了解决问题的能力，成为一棵棵爱发现、会研究、能探秘的研究型“小青松”。

（杭州市萧山区劲松小学　王甄妮）

带班育人方略点评：

萧山区劲松小学是杭州市的一所百年老校。该校办学宗旨与使命为：紧紧围绕校训“劲拔青松，棵棵争秀”的主旨精神，强化“好学力行”的校训教育，全体师生员工为形成“担当、坚韧、进取”的良好校风不懈努力。以丰富的活动凝练劲松精神，开展系列文化活动。以“劲拔青松，棵棵争秀”为行动基调，去收获知识和智慧，以实现学校“青松精神”的文化滋养。注重积极向上的价值观引导，让校园时时处处传递美好的情感，让劲松这片土壤不断地积淀浓厚的劲松文化，并日具张力地去影响更多师生的成长和发展。该校的学生培养目标是：结合学校“担当、坚韧、进取”这个精神纽带，通过“学习、生活、活动”来展现学生的生命风采，以培育“劲拔小青松”

为核心任务，把学生培养目标建立在符合生理、心理特征的基础上，使目标既符合时代特征，又具有鲜明的校本青松精神教育特色。

从劲松小学有关学校文化的上述要点中不难发现，王甄妮老师十分机敏地汲取了“劲拔青松，棵棵争秀”的主旨精神，并结合自己班级的班情、学情，巧妙地形成了自己的带班育人理念——劲拔青松，众木成林。这一做法，既让自己的带班育人理念因蕴含了学校的文化精髓而内涵深刻、积淀丰厚，又通过班本化实践将宏大的学校精神落地生根。

第三章　上好主题班会

主题班会是长三角地区中小学班主任基本功大赛的重要内容。在前两轮大赛（2012—2019 年）中，主题班会都采用闭卷笔试的形式，要求各班主任在两个小时的时间里完成主题班会方案的设计。受新冠疫情的影响，2020—2022 年的三届长三角地区中小学班主任基本功大赛以线上、线下相结合的方式举行，对主题班会的考察形式也随之做出调整：由闭卷笔试的形式改为赛前以文件的形式告知选手班会的主题，选手按照大赛文件要求设计主题班会方案并上课，然后上交主题班会方案文本和课堂实录视频。由此可以看出，虽然比赛的形式和内容有所调整，但主题班会一直是大赛的核心模块。这是因为主题班会是学生成长的有效载体，是班主任落实立德树人的重要工具，具有非常重要的价值。

第一节　主题班会：定位与功能

一、主题班会的定位与特征

主题班会是班主任常用的工作形式之一，几乎每个班主任都上过主题班会。但对于什么是主题班会，主题班会适用于什么情况，主题班会究竟有什么作用，很多班主任都不能给出明确的答案。这表明，当前众多的中小学班主任对主题班会的内涵、定位和功能缺乏科学的认识，而这正是导致班主任在设计和实施主题班会的过程中出现众多问题的重要原因。综合国内学界对主题班会的认识，笔者认为，主题班会是围绕某一教育主题，在班主任的指导、引领下，全班同学共同参与，旨在解决学生成长和班级管理中具有代表性的问题的一种综合性班级教育活动。

从这一定义看，和班级的一般教育活动不同，主题班会有以下几个较为显著的特征。

（一）有明确的目标和完整的计划

主题班会必须有一个明确、集中的教育主题，围绕这一主题，班主任通过系统设计，精心选择素材，采用恰当的方式，以达到一定的教育目标。有无明确的目标和完整的计划，是主题班会与班主任在班级中开展的常规班级管理活动的区别所在。

比如，某校班主任陈老师经过和学生一个学期的接触，到了七年级下学期，发现班级里出现了这样的现象：阳光运动会时有个别学生说丧气话，比赛时没有全力以赴，失利后互相推卸责任；有部分同学在搞卫生时没有做好自己的工作，甚至忘记或故意不搞卫生；有些同学之间有矛盾，出现动口、动手现象。班主任陈老师敏锐地意识到，这些现象不是个别同学的个别问题，而是学生进入初中之后，因过分关注学业而导致的班集体意识淡薄问题，这一问题在班级中具有一定的普遍性，如果不加以重视和引导，那么会对班集体建设和班级的顺利运行产生负面影响。因此，班主任陈老师决定召开“我爱我家”的主题班会，目标是培养学生的主人翁意识，让学生知道自己是班级的一员，热爱班集体，团结同学，也愿意为班集体做贡献。为了达到这样的教育目标，陈老师进行了多方面的细致准备：安排主持人，设计活动步骤；分配任务，安排小组汇报活动；事先收集整理班级同学对班集体的看法。班会采用了游戏、汇报、讨论等多元化的形式，包含了回眸篇、聚焦篇、展望篇三个板块：在回眸篇，让学生回忆在班集体中的点滴，以动之以情；在聚焦篇，由同学代表汇报事先收集的班级问题，以引发反思；在展望篇，通过头脑风暴探讨出共建融洽的班集体的方法，以提升责任感。这节主题班会目标明确，计划周密，取得了较好的教育成效。

（二）问题具有普遍性和代表性

主题班会针对的问题是班级中普遍存在的问题，是关乎当下重要的价值观、关乎学生健康成长的重大主题。前者涉及班级大多数同学，具有广泛性、普遍性和代表性，如前文提到的进入初中之后同学们表现出班集体意识淡薄的现象，就属于这类问题。这类问题对班集体的建设、班风班貌的形成或全体同学的发展有着至关重要的影响。后者涉及对学生的价值观教育，更是与班级中每一个人的健康成长息息相关。历届长三角地区中小学班主任基本功大赛主题班会板块考察的主题，如诚信、梦想、中华优秀传统文化、安全教育、幸福都是奋斗出来的、垃圾分类、弘扬劳动精神等均属于此类问题。这两类问题的共同特征是具有普遍性，特别适合运用主题班会来进行教育和引领。

（三）以学生为主体

主题班会从本质上看是德育活动。德育的基本规律决定了主题班会必须以学生为主体，以实现学生的自我教育，达到自醒、自律的效果。只有发生于主体内心、自内向外的积极主动的参与，才是真正的自我教育。因此，在设计与实施主题班会的过程中，班主任要转变角色和观念，在主题的确定、素材的选择、形式的编排、活动的开展等方面充分授权，由学生唱主角，真正地激发和唤醒学生的主动性和创造性。

（四）鼓励平等对话

从名称上看，主题班会是一种班级会议。国内学界也有部分学者持这种看法。会议本质上是寻求问题解决对策的研讨活动。既然主题班会是一种会议，那么，它也具有鼓励主动参与、人人畅所欲言的特征。在召开主题班会的过程中，班主任要防止出现一言堂、满堂灌、将个人观点和意见强加给别人的现象。

（五）班主任发挥主导作用

一方面，主题班会要以学生为主体；另一方面，班主任要发挥教师的主导作用。《中小学班主任工作规定》中明确提出，中小学班主任要“组织、指导开展班会、团队会（日）、文体娱乐、社会实践、春（秋）游等形式多样的班级活动”。这一规定十分清晰地指出了班主任有组织和指导开展班会的职责。中小学生作为成长中的人，依靠知识、经验、阅历、价值观念尚不足以实现完全的自我教育和自我管理。班主任作为学生的成长导师，在开展主题班会的整个过程中，在以学生为活动主体的同时，仍然要发挥主导作用，处理好学生主体与教师主导的关系。班主任不能以把课堂还给学生为借口撒手不管，在主题班会中需要指导和引领的环节完全隐身。班主任要时刻关注主题班会开展的进程，根据需要随时介入班会活动中，进行必要的启发、点拨和价值引领。

二、主题班会的功能

主题班会在学生成长、班级建设、班主任专业发展三个维度均具有不可替代的重要价值。

（一）学生成长维度：助推学生健康成长

1. 促进学生自我教育

主题班会要以学生为主体，班会的各个环节都会对学生充分授权，学生全过程、全方位参与所有模块和流程，从而充分发挥自主性、独立性和创造性。著名教育学者顾明远指出，学生成长在活动中。主题班会本质上是综合实践活动。在这个综合实践活动中，学生需要对班级运行或自身成长中的问题进行诊断以确立活动主题；学生需要通过合作研讨以制订活动计划；学生需要回顾班级生活以精选活动素材；学生需要了解同学以安排合适的活动人选；学生需要通过群策群力的方式以确立活动形式。所有这些活动对学生而言都是有效的自我教育，能够极大地激发学生的探究潜能，启发学生的智慧。

2. 价值引领，立德树人

主题班会内容丰富，有思想政治教育模块、品德教育模块、心理健康教育模块，可以分别针对学生在价值观、品德、心理健康等方面的问题进行教育和引导。例如，针对学生不爱劳动、懒散的现象，有班主任在班级里开展了“劳动最光荣”“自己的事情自己做”等系列主题班会，让学生了解到劳动对人类的价值，体验到劳动的乐趣、动手创造和自我服务的成就感。学生听到了老师和家长对自己劳动成果的赞美，真切感受到了劳动对自身的意义，养成了热爱劳动的习惯，形成了“劳动最光荣”的观念。[①]

主题班会形式灵活多样，可以结合对社会热点、时事政治的研讨，引导学生树立正确的价值观。例如，针对学生环保意识淡薄的现状，有班主任召开了“护春江水，爱地球村”的主题班会，组织学生在了解日本将核污染水

① 魏淑芳:《主题班会——学生成长的摇篮》，载《黑龙江教育（小学版）》，2004（Z3）。

排入太平洋的热点新闻的基础上参与讨论。这样的主题班会对提升学生的环保意识、护水节水意识，树立人类命运共同体的责任感，有非常大的促进作用。

主题班会还可以引入心理辅导活动，满足学生成长中心理发展的需要。例如，小学高年级的学生逐渐步入青春期，生理和心理都发生着巨大变化；与此同时，他们还处于从小学跨入初中的重要时刻，多方面的压力随之而来。杭州市滨和小学六（1）班王帅帅老师在对本班学生进行调查后发现，这一阶段的小学生面对的问题主要体现在三个方面：一是不能正确认识压力，没有认识到压力的双面性；二是缺少缓解压力的方法，面对压力时情绪比较消极；三是行动与认知脱节，不懂得如何将压力转化为动力。基于这样的现实状况，她设计并实施了“直面压力，无畏前行——六年级生命安全和健康教育”系列主题班会，以生活为基础，以体验活动为主要教育方法，引导学生知压力现状、明抗压精神、践解压妙法。这一系列班会巧妙地运用了多种心理辅导方法，通过链接生活，激发学生思维—多元体验，促进自主建构—巧用资源，注重行为引导等，成功地化解了学生的焦虑和压力，培养了小学高年级学生良好的意志品质和积极的心理素养，有效地促进了学生的身心健康发展。

（二）班级建设维度：提升班级凝聚力

研究者普遍认为，提升班级凝聚力是主题班会的首要功能。主题班会强调人人参与，经常采用合作讨论和集体游戏等形式，这对于调动学生的情感因素，培养集体观念，增强集体荣誉感，形成班级凝聚力，促进班级形成良好班风有积极的作用。①

【案例 3–1】

集体与合作：三个和尚 ____ 水喝

——三年级团结合作主题班会

班会背景

三年级是小学阶段的一个转折点。孩子的身体和思想方面不断发育和发展，但一部分学生自我中心倾向严重，过于考虑自我得失，导致团队合作不

① 李玉明、梁秀香：《我国中小学班会课研究述评》，载《上海教育科研》，2015（1）。

能发挥最大效用，班集体意识淡薄，班级凝聚力较弱。多数学生虽能意识到团队的力量，但在团队合作的过程中往往有推卸、抱怨、依赖他人等负面行为，认知和行为之间缺少“方法”和“落实”这两座桥梁。基于学生群体中出现的这种普遍现象，我设计了本次班会。

班会目标

①认识到团队的重要性，体会到集体的巨大作用。

②梳理影响团队凝聚力的因素，探讨促进合作的有效方法。

③学会在团队合作中利用理性思维和探究精神来解决难题。

班会准备（略）

班会过程

一、从“三个和尚没水喝”找寻根源

①呈现《三个和尚》的故事图片，请学生讲述故事。

②提问：谁来说一说，为什么这三个和尚在一起就没有水喝了呢？

（通过学生发言，做出总结：太计较个人得失，没有集体意识。）

③议一议：三个和尚应该怎样找水喝？

讨论：如果你是故事中的人物，你怎么解决三个和尚没水喝的问题？分析问题根源并制定措施。

设计意图：从故事出发，讨论、探究与分析影响团队合作的因素，正视团队力量，强调团队的重要性，并结合实际生活，探讨解决措施。

二、怎么找“水”喝

团结的道理现在我们都明白了，但“纸上得来终觉浅，绝知此事要躬行”。今天，咱们就来看看这“水”怎样才能喝到。

（一）游戏互动一：紧急逃生

故事背景：电影院突然起火了，观众需要通过安全出口紧急离开。可是，观众人数较多，大家全都堵在了门口。

请 10 个学生上台。为每个学生准备 1 个系上了细绳的小球，代表 1 位观众。学生牵引着小球，模拟通过安全出口的场景。看看大家能否在最短的时间内成功脱离危险。

学生讨论并总结：团结需要有集体意识。

（二）游戏互动二：合作画画

将全班同学分成若干小组，各组合作在一张 A4 大小的纸上画出指定的画面。第一次游戏时，先观察指定的画面 30 秒，之后撤去画面，小组合作，用 3 分钟画出该画面。

第二次游戏时变换游戏规则：请 1 号组的某个同学到 2 号组，请 2 号组的某个同学到 3 号组，依此类推。采取同样方法，先观察画面 30 秒，之后撤去画面，用 3 分钟画出该画面。选取速度最快、画得最好的一组同学谈谈自己的做法。

学生讨论并总结：团结需要有领导力并相互配合。

（三）游戏互动三：我来比画，你来猜

请一组同学上台，排成一列并全部背对老师。老师出示一个成语，从距离老师最近的同学开始，依次通过比画的形式向下一个同学传递相关信息，最后一个同学告诉大家该成语是什么。

提问：有的同学没有说出正确的成语，这是为什么？

学生讨论并总结：团结需要有充分的沟通。

（四）游戏互动四：协作前行

请两个学生，一个学生蒙住眼睛，另一个学生捂住嘴巴。要求两人协作绕过障碍，到达指定的地方。

学生讨论并总结：团结需要扬长避短。

设计意图：从合作做一件件事的即时体验中，让学生看到团队合作的力量，并认清自己团队的主要问题，把握团结应该具备的要素有哪些，如要有集体意识、要有领导力并相互配合、要有充分的沟通、要扬长避短。

三、学习格言，书写收获

①出示关于团结的格言。

②请同学们在便笺纸上写下自己的收获，并将便笺纸贴在黑板上，贴成一个方形。

③老师将一个“才”字放在中间：“团”就是大家聚集在一起，将自己的智慧凝聚在一起。

设计意图：从格言中，体会团队合作的力量，学生写出自己对团结的认识，教师提炼“团结”的主题思想。

（杭州市育海外国语学校　费晓旭）

班会点评：

本次班会针对小学三年级班级中普遍出现的自我中心倾向严重、不合群、不合作的现象，以树立学生的班集体意识、增强团队凝聚力为目的，以《三个和尚》经典故事为切入点，通过四个集体互动游戏，以及格言分享等精彩多元的活动形式，使同学们体验到了集体、合作的力量，感受到了集体的强大和重要，增强了集体荣誉感，提升了班级凝聚力。

（三）班主任专业发展维度：是促进专业发展的利器

上好主题班会，对班主任的专业素养提出了极高的要求。全国模范班主任任小艾说过：“主题班会的成功与否，与班主任自身素质的高低有着直接关系。对学生成长期规律的研究，对现实社会发展的关注，对影响学生未来的诸多因素，都要有一定的把握。其中最为关键的是，教师对学生爱的投入，对学生成长细节的观察，对有效应对问题以及防范问题的思考。班主任需要有一定的居安思危、未雨绸缪、防患于未然的能力，还要有敏锐发现问题、勤于思考问题、有效解决问题的本领。”[①] 概言之，主题班会在以下方面助推班主任的专业成长。

1. 树立问题意识，提升主题提炼能力

主题班会是否有效，首先取决于班会主题是否有针对性，是否来自班级管理和学生成长中的真实问题。因此，班主任必须有较强的问题意识和教育的敏感性，时时关注班情、学情，能够及时发现班级管理和学生成长过程中存在的问题，从中提炼出班会的主题。例如，七年级班主任张老师发现班级里有部分同学出现了情绪波动、焦躁与迷茫的现象。通过与学生和家长的交流，张老师发现学生与家长之间的沟通不畅，情绪化的矛盾冲突在很多家庭中不断上演。张老师敏锐地意识到，这一问题在刚刚经历小升初冲击的七年

① 丁如许：《魅力班会课》小学卷，序 2 页，上海，华东师范大学出版社，2009。

级学生中具有一定的普遍性和代表性，因此他决定召开题为“敞开心扉，用心去沟通——与家人沟通交流的艺术”的主题班会。该班会计划通过游戏体验、团队心理辅导、问题澄清等方式，达到让学生积极地认识自我与悦纳自我，消解焦虑情绪，学会换位思考，理解并体谅家长的心情和难处，掌握沟通技巧的目的。

2. 积累班会素材，提升知识管理能力

巧妇难为无米之炊。上好主题班会，新颖、丰富的素材至关重要。那些给人留下深刻印象的主题班会，无一不拥有充满新意、时代感强、让人眼前一亮的材料。很多参加过大赛的班主任在介绍参赛秘诀时，都提到过班主任要养成收集和积累素材的习惯，搭建自己的主题班会“素材库”。在素材挖掘、积累、整理、迁移、应用的过程中，主题班会的素材越来越丰富，班主任自身的知识管理能力和意识也得以锻炼和提高。

3. 优化班主任教育理念

教育理念先进与否，决定了主题班会方案质量的高低；通过对主题班会方案的设计、打磨、改造，班主任的教育理念也得以优化和提升。杭州采荷第二小学教育集团景和小学金沁玥老师对参赛主题班会方案的打磨优化过程就是很好的佐证。下面试对金沁玥老师修改前后的两个方案进行对比分析。

【案例 3–2】

共赴星辰之约

——六（7）班中国梦·航天梦主题教育班会（修改前方案）

班会目标

①借助天宫课堂和课前收集的资料了解航天知识。

②在对航天发展历程的回顾中体悟航天精神，并将其演化为生活中的行动指南，坚定信念，明确行动方向。

③通过为梦想增添能量的活动制定改进措施，践行航天精神。

班会准备（略）

班会过程

一、导入："星星梦"开启星辰之约

（一）播放《星星梦》视频片段

师：同学们，2022 年春节联欢晚会上有一个节目——《星星梦》吸引了老师。

提问：你们觉得孩子们摘星星的愿望能实现吗？

（二）揭秘幕后故事

节目中挥动双手，呼喊"妈妈，给我摘颗星星回来"的小女孩的妈妈就是航天员王亚平。今天，老师也要和同学们共赴一场星辰之约。

二、环节一：知梦，童心探索识飞天

（一）活动一：重温天宫课堂，了解太空知识

1. 播放"天宫课堂"视频片段

师：包括王亚平在内的航天员在太空给我们上了非常有意思的课。同学们，让我们一起来回顾一下。

播放有关神奇的太空实验的视频片段，如浮力消失实验、水膜张力实验、水球光学实验、泡腾片实验、太空"冰雪"实验、液桥演示实验、太空抛物实验，学生观看并交流。

2. 分享与交流

交流让人印象最深的实验，说说它跟地球上的实验有什么不一样的地方。

（二）活动二：探索太空奥秘，畅想未来科技

师：宇宙中有无穷的奥秘等待我们去探索。课前同学们也收集了很多资料，大家能来分享一下吗？未来我们可以利用航天技术做什么？

师小结：同学们分享了自己对未来科技发展的畅想，而我们这些太空梦的实现都要依靠航天事业的发展。习近平总书记指出，探索浩瀚宇宙，发展航天事业，建设航天强国，是我们不懈追求的航天梦。

三、环节二：逐梦，致敬榜样悟艰辛

（一）活动一：回顾航天人的追梦历程

展示航天发展历程中的成绩，引出这些成绩的获得，离不开一代又一代

航天人的付出。

师：如果梦想有颜色，那么一定是航空蓝，这是所有中国航天人在星辰间写下的“诗”。我们在航天史上向前的每一步都离不开一代又一代航天人默默的付出。

（二）活动二：讲述航天人的追梦故事

师：2021 年感动中国十大人物之一就是我们的航天追梦人。

师生再现颁奖情景，学生诵读颁奖词，引出航天精神（特别能吃苦、特别能战斗、特别能攻关、特别能奉献）。

师：同学们，航天精神跟我们每个人都有着密切的联系。航天梦不仅仅是航天人的梦想，也是全国人民的梦想，是我们每一个学生的梦想。逐梦的这条路很长，对我们来说，在很长的一段时间内，我们的主要任务都是学习。如何在学习生活中延续航天精神，让它来激励我们更好地学习和发展，也是我们接下来需要思考的问题。

四、环节三：续梦，坚定信念明志向

（一）活动一：星心小语——解答追梦困惑

师：这不，最近学校的星心小语信箱就收到了好多同学的来信，大家诉说着学习生活中遇到的困惑。

小甲：我从小练习书法，梦想成为一名书法家。学习书法的过程并不轻松，我每天都要练习一小时，手都磨出了茧子，而邻居家的小朋友却可以看电视、玩耍。渐渐地，我有了放弃的念头。老师，您说我还要坚持下去吗?

小乙：我是一名五年级的学生，爸爸妈妈是做生意的，工作特别忙，平时和我见面的次数很少，更别说管我的学习了。前几年我比较贪玩，没有认真学习，随着年龄的增长，我发现了自己和同学们的差距，想要追赶上来，但爸爸妈妈说以我们家的经济条件，即使不奋斗，我将来也会衣食无忧。我该怎么办呀?

小丙：我的数学成绩一直不太理想。前段时间，我发现了一个很好的搜题软件，把不会做的难题输进去，答案马上就出来了。一开始我还挺开心的，但是回过头来想想，心里总感觉怪怪的。这是为什么呀?

小丁：我是班长，这周轮到我们班值周，但在门口站岗的任务一直无人承担。大家觉得在门口站岗需要早起半小时，有这个时间还不如好好学习。我该怎么劝说大家呢？

如果要给他们回信的话，你会怎么回？小组讨论，并在纸上写出关键词，每个小组派一个代表讲出来。

（二）活动二：行动指南——延续航天精神

借助活动一，将航天精神的“四个特别”演化为四个行动指南，即努力学习、勇于奋斗、克服困难、乐于奉献。

五、环节四：筑梦，共赴星辰向未来

（一）活动一：星语星愿——我们有约定

师：由航天精神演化出的四个行动指南激励着我们做更好的自己。虽然我们每一个同学不一定像航天员一样飞上太空，但可以拥有自己的梦想。

1. 分享梦想

师：在开学初的“追梦有你，祖国有我”活动中，同学们在星梦卡上写下了自己的梦想。我们先请几个同学来分享一下吧！

2. 张贴星梦卡

师：教师、医生、科学家……你们的梦想都非常好，每一个梦想都仿佛是一颗明亮的星星。一颗一颗，照亮了天空，汇集成了我们的中国梦。

（二）活动二：火箭添能——我们有行动

1. 对照航天精神，思考有什么地方做得还不够

师：要想实现梦想，我们就要像航天人一样努力学习、勇于奋斗、克服困难、乐于奉献。这些你们能做到吗？

实现梦想需要付诸行动。孩子们，让我们好好想想自己有哪些地方做得还不够，有什么改进的打算。用一两句话记录下来。写完后在小组内交流分享。

2. 制定规划，分小组交流

总结：理想的火箭已经准备就绪，它将载上心愿，飞上理想的星空，助我们摘到梦想的星星。不负青春，不负韶华，我们有愿望、有计划，更要付诸行动。让我们行动起来，践行航天精神，共赴星辰之约。

小小航天人　追梦赴星辰

——六（7）班中国梦 · 航天梦主题教育班会（修改后方案）

班会目标

①通过创设“小小航天人”招募现场的情境，闯关争星，了解中国航天事业的奋斗史，感受其中的艰辛。

②通过体验体能训练项目和在星空论坛中的交流碰撞等，体会航天人追梦路上的身心之苦累，以及艰辛背后的奋斗之喜乐，激起为实现中国梦而勇于奋斗的热情。

③通过追梦行动计划撰写、火箭模拟点火升空、后期的每月延展活动等，找到自己行动的方向，并积极践行、持之以恒，在努力学习、强身健体、磨炼意志、团结协作等方面付诸行动。

班会准备（略）

班会过程

一、导入：小火箭承载航天梦，航天员发布招募令

（一）飞船返航，圆梦当代

出示“神舟十三号”载人飞船和三张航天员的照片，回顾这一历史性时刻，揭示这一事件在班级中掀起了一股航天热。

（二）发起招募，开启闯关

播放航天员王亚平向青少年发起号召的视频，鼓励学生从小打好基础、树立榜样，为实现航天梦、中国梦做准备。出示招募令，模拟“小小航天人”招募现场，开启闯关挑战。（喊出口号：小小航天人，追梦赴星辰。）

二、环节一：知梦，晓奋斗之意

要想成为小小航天人，就得对航天发展历程有足够的了解，所以第一关就是——知识关。

（一）探寻航天路

小组合作，利用平板电脑现场收集有关中国航天发展历程的资料，并按照时间顺序和大家分享。

（分享结束，人人获得知识星，并将其贴在胸前。）

师：通过分享，大家知道为了实现飞天梦，中国航天人已经等了很久很久，也已经行走了很久很久。

（二）回顾悟艰辛

播放中国航天发展历程视频，学生交流看完后的感受。

视频主要内容：

◇ 1949 年中华人民共和国成立，一些国家对中国的航天梦不屑一顾。但是，中国的航天人有梦想，勇奋斗，能攻关。

◇ 1970 年 4 月，"东方红一号"发射成功，这是中国发射的第一颗人造卫星。多少人激情澎湃，多少人热泪盈眶。

◇ 2003 年 10 月，"神舟五号"成功升天，这是中国发射的第一艘载人航天飞船，航天员杨利伟成为中国进入太空第一人。

◇ 2007 年 10 月，"嫦娥一号"发射升空，这是中国第一颗绕月人造卫星，探月时代正式开启。

◇ 2008 年 9 月 25 日，"神舟七号"飞船发射升空。27 日，翟志刚成功打开舱门，走向了太空，这是中国历史上第一次太空漫步。

时代的车轮滚滚向前，中国的航天事业蒸蒸日上——

◇ 2011 年 9 月，"天宫一号"发射升空。

◇ 2012 年 12 月，北斗卫星导航系统正式开启服务。

◇ 2022 年 4 月，"神舟十三号"飞船在太空执行任务六个月后成功返回，创造了中国航天事业空前但不绝后的辉煌。

师：中国航天事业从落后一步步走到领先位置是何其不易，这一切的成就都来源于航天追梦人不懈的奋斗。正如习近平总书记对我们的谆谆教导，幸福都是奋斗出来的。今天的辉煌是一代又一代航天人努力奋斗的成果。

设计意图：学生通过平板电脑，以小组合作的形式，现场查找资料，既可以对中国航天发展历程有所了解，也可以锻炼团队之间的协作能力。通过这一关的挑战，学生可以培养自己利用工具收集资料的能力，了解中国航天事业的奋斗史，明白其中的艰辛。

三、环节二：逐梦，燃奋斗之情

要想成为小小航天人，光有知识是不够的，还要有强健的体魄，能经得起体能的考验。所以，我们要进入第二关——体能关。

（一）以体验感悟训练艰苦

体验活动一：原地转圈。

全班参与挑战，跟着音乐原地转圈 30 秒，坚持到最后即可获得体能星。（模拟航天员前庭功能训练。）

体验活动二：太空漫步。

获得体能星的同学在腿上绑上沙袋，并跟着音乐进行太空漫步。（模拟航天员日常负重训练。）

（二）以数据点燃奋斗热情

师：同学们在体验活动中已经感觉到了艰苦，但是航天员们真实的训练强度远超这些。下面出示相关数据，同学们可交流感受。

前庭功能训练：坐在转椅上做 360 度快速旋转，转椅还会上、下、前、后摆动，一次训练时长 15 分钟。水下负重训练：穿戴 120 多千克的装备，在水下进行长达 4 小时的不间断训练，一次训练结束体重下降 1~2 千克。除此之外，航天员还会进行 3 天 3 夜不眠不休训练，学习近 60 门科目……

设计意图：这一环节的挑战内容是根据航天员真实的体能训练项目演化而来的。在原地转圈、太空漫步的体验中，引导学生体会航天员训练的艰苦，并从直观数据中感受为梦想奋斗的不易，从而激起心中的热情：要想成为航天员，就要像他们一样增强体能、吃得了苦。

四、环节三：续梦，守奋斗之信

接下来我们进入第三关——意志关。

（一）一封家书

如此日复一日、年复一年的训练带来的不仅是身体上的挑战，对于航天工作者来说，精神上的挑战才是最艰难的。（出示一组数据。）

航天员训练时要一个人在房间内与外界隔绝几天。有的航天工作者一年只回家一两次，在家待的时间总共只有十几天，一出差就是几个月。有些保密任务需要他们几年、十几年不能回家，不能与家人联系，家人甚至都不知道他们去了哪里。

聆听航天工作者的一封家书，学生交流听后的感受。

航天工作者的一封家书（节选）

宸宸：

我的宝贝，转眼间你已经是一名小学生了。妈妈记得你第一次开口说话时叫的是“爸爸”。由于妈妈工作忙碌，给你的陪伴是那么少。妈妈还记得，在你不到 2 岁的时候，妈妈就去靶场执行发射任务了，你给妈妈打电话说“妈妈，我想你了”。妈妈当时哭了一个下午，真的感觉有点儿对不起你。现在，虽然你已经长大了，但是妈妈每次出差时最怕你送我，怕你抱着我哭着说想我，所以妈妈只好偷偷地走，然后再给你打电话安慰你……

你的妈妈

2018 年 2 月 10 日于 ××

（二）星空论坛

这只是众多默默无闻的航天工作者中的一个缩影。选择了航天事业就是选择了责任和担当，他们必须坚持，也一定会坚持。但生活中有一部分人对此是存在疑问的，星空论坛中就有不少同学提出了自己的困惑。

话题一：为实现祖国的航天梦要吃这么多的苦，那还有什么乐趣？何必要坚持呢？

话题二：航天工作者这么努力却连孩子都没时间陪伴，值得吗？

针对这两个话题展开讨论并分享。分享者可获得一颗意志星。

师：航天员杨利伟说过一段话，“有一种生活，你没经历过就不知其中的艰辛；有一种艰辛，你没体会过就不知其中的快乐”。“宝剑锋从磨砺出，梅花香自苦寒来。”有意义的苦再苦都不怕，苦中有更伟大的乐趣，这是一种别样的幸福。

设计意图 ：借助航天工作者的故事，让学生感知他们意志的坚定。出示数据、分享家书等形式可以让学生直观地体会航天人的责任和担当。星空论坛的交流碰撞，让学生明白奋斗的意义，有意义的苦再苦都不怕，苦中有别样的幸福。

五、环节四：筑梦，践奋斗之行

第四关是协作关。

（一）同心争星，聘任小小航天人

通过同学们的回答点出航天事业的成就不是一个人的成绩，而是一个又一个团队协作奋斗出来的。（出示总控室）联系自身，表明我们也是一样，一个人的力量毕竟有限，在奋斗的过程中有了团队的合作才能实现共赢，取得更高的成就。

（肯定同学们在闯关过程中的表现，由于大家同心协力，全体同学都获得了协作星。）

闯关结束，获得四颗星星的同学成为本次招募的小小航天人。“小小航天人”谈感受，教师顺势推进延伸活动，表明像这样的招募活动还会继续，每月一评，每一个同学都有机会当上小小航天人。

（二）点火注能，少年追梦赴星辰

总结闯关过程中四颗星星带给我们的思考，即奋斗的过程需要努力学习、强身健体、磨炼意志、团结协作。它们宛若追梦路上的助推器，为我们的行动锚定航向，推动理想的火箭飞上太空，助我们摘到梦想的星星。

根据自己的理想，在火苗贴纸上写下自己的追梦行动计划，并将火苗贴纸贴到火箭背景板上，模拟点火注能，期待火箭升空。

修改前的方案总体上看比较优秀。以春节联欢晚会上的节目《星星梦》的视频导入，引发学生对班会主题的兴趣；主体内容由“知梦，童心探索识飞天”“逐梦，致敬榜样悟艰辛”“续梦，坚定信念明志向”“筑梦，共赴星辰向未来”四个环节构成，层层递进、条理分明、逻辑清晰、结构完整。同时，方案注意将航天精神与学生实际相结合，体现了对学生的价值引领。另外，方案中的素材也较为丰富。但方案也存在以下需要注意和改进的问题：认知成分比重较大，学生活动和体验不足；过于理性，趣味性有所欠缺，不符合小学生年龄特征；教师讲授过多，学生自主研讨不足。

很明显，修改后的方案针对上述不足进行了较大程度的优化。

第一，创设“小小航天人”招募现场的情境，以闯关争星为主题班会推进的线索，有效地提升了班会的趣味性、情境性。第二，在闯关环节巧妙地设置了原地转圈、太空漫步的体验活动，化理性说明为活动体验，使学生对航天精神有了内在的真切体验。第三，以航天工作者的一封家书引出孩子们真实的困惑，组织星空论坛让学生自主讨论，化简单说教为价值引导。

对比两个方案，我们可以清晰地看到，通过对主题方案的设计、反思与调整，班主任在设计思路、德育理念、教育方法、活动组织等方面都有了较为明显的提高。从这一角度看，设计与实施主题班会，是班主任专业发展的有效推进器。

第二节　主题班会的常见误区

如前所述，由于对主题班会的内涵、定位、功能等缺乏科学的认识，班主任在设计和实施主题班会的过程中，常常出现偏差，导致班会不能达到应有的教育效果。总体上看，当前我国中小学开展的主题班会的误区主要体现在以下六个方面。

一、平庸化

平庸化是指主题班会立意平淡、选材陈旧、方法说教、形式刻板，班会过程缺乏亮点和新意，教育效果低下。像下面这节主题为“中国梦”的班会就体现了这样的特征。

1. 第一板块：新中国的诞生

环节一：诗朗诵《祖国啊，我亲爱的祖国》。

环节二：出示学生事前搜集的资料，小组代表讲述英雄事迹，引导学生概括民族精神——不屈不挠，同仇敌忾，视死如归。

2. 第二板块：新中国的腾飞

环节一：小组代表上讲台，讲述自己周围生活中发生的变化。

导语：新中国成立70余年，我们创造了人类史上前所未有的发展奇迹，你们知道吗？

环节二：播放视频《了不起，我的国》，让学生感受中国经济发展的伟大奇迹。

3. 第三板块：新时期的民族精神

教师引导学生思考问题：我们取得这些伟大成就的原因有哪些？此板块的设计意图是让学生在总结和梳理中感受我们的民族精神，感受历史人物的优秀品质，为学生将“中国梦”和“我的梦”联系起来搭建桥梁。

4. 第四板块：中国梦，我的梦

环节一：全班诗歌朗诵《少年中国说》。

导语：今天我们伟大的祖国，正在中国共产党的领导下，为全面建设社会主义现代化国家和全面推进中华民族伟大复兴高歌猛进。而我们是祖国未来的生力军，不管在学习、劳动、锻炼和生活中遇到多大的困难，我们都要去克服它、战胜它。

环节二：填写梦想心愿卡。

客观地说，中国梦如此宏大的主题确实给小学低段的班主任带来了一定的挑战。但选手应该有一定的应变能力：主题无法决定，但视角可以选择。然而，纵观整个方案，这位班主任并没有展现出这种能力：班会目标抽象、空洞；教育过程说教意味浓，口号化特征明显。如此设计，很难达到让小学二年级的学生“感悟爱国的内涵，培养朴素而深沉的爱国情感，感受到作为中国人的光荣和责任”的教育目标。

二、拼盘化

为凸显主题班会的内容丰富、形式多样、气氛热烈，很多主题班会都采用“拼盘化”设计，把各种素材都纳入班会，班会过程中的活动形式也非常多元，小组讨论、角色扮演、游戏体验、诗歌朗诵等让人目不暇接。但这些内容和形式有很多只是简单堆砌，与主题相关性不大，彼此之间也缺乏联系。比如，“爱我中华”的主题班会方案中，就安排了以下内容。

一、导入：观看视频，引入主题

播放中华人民共和国成立70周年阅兵仪式的视频。

提问：你知道视频中他们在干什么吗？你的感受是什么？我们的祖国妈妈日益强大，你对她了解多少呢？

二、环节一：祖国知识知多少

①组织知识竞赛。班主任出示题目，学生答对一题得十分，答错一题扣十分。

②出示国旗、国徽图片，介绍国旗、国徽的含义。

③全班合唱《义勇军进行曲》。

三、环节二：祖国在我心中

全班同学朗诵《祖国在我心间》。

四、环节三：少先队知识知多少

了解少先队（包括队旗、队徽、红领巾等的含义），知道少年先锋队是建设社会主义和共产主义的预备队，为能早日加入中国少年先锋队而努力。

五、环节四：我的少先队梦

为加入中国少年先锋队，每个同学结合实际情况制订计划，并制定10条具体的措施。

这节主题班会的内容可谓十分丰富，形式也活泼多样。在短短一节课的时间里，班主任安排了视频赏析、知识竞赛、合唱歌曲、诗歌朗诵等活动内容。但这些内容与班会的主题之间并无深刻的关联，彼此之间也缺乏内在联系。班主任只是简单、机械地将它们拼凑成一盘“大杂烩”。这样的班会看似内容丰富，其实结构松散，缺乏入脑入心的感染力。

三、表演化

一项对110所学校优秀骨干班主任的实证研究显示，在班会形式上，83.0%的班主任认为主题班会中存在“追求热闹、华而不实”的误区；6.8%的班主任认为主题班会常被误解为“歌舞”表演会；只有10.2%的班主任认为班会“体现主题，围绕目的，有实际效果”。这些数据显示大部分班主任主观上把主题班会理解为才艺展示会，气氛要热烈，要有唱有跳，过分追求形式的活泼多样，对内容的教育性较为忽视。①

四、预设式

笔者观摩的很多主题班会，各个环节严丝合缝，没有明显的纰漏：学生表现胸有成竹、落落大方，没有任何紧张和怯场的感觉；教师随机应变、出口成章，表现出高超的教育艺术和教育机智。而事实上，这类天衣无缝、完美无瑕的班会表现，大概率是班主任高度预设的“成果”。为了能呈现出完美的现场效果，有不少班主任忽视学生道德学习的自主建构的规律，严格控制班会从设计到实施的全部环节，甚至在课堂上由谁提问、提问的内容、讨论多长时间等，都是事先指定和安排好的，认为只有这种高度预设的班会才是可控的班会，才会有“最佳”的演出效果。②

五、放任式

与班主任高度预设的包办式做法相反，很多主题班会中出现了“班主任去哪儿了”的现象——班主任在主题班会中几乎消失不见了。很多主题班会打着“以学生为主体，把课堂还给学生”的旗号，所有活动都由学生来完成。常见的模式是由一男一女两个形象突出、口头表达能力强的学生担任主持人，整个班会的推进都由主持人完成。班会的内容、步骤事先制定好，主持人按顺序机械执行。尽管挑选出来的主持人具有较强的口头表达能力，但

① 刘煜民:《当前小学主题班会存在的误区及对策研究》，载《辽宁教育行政学院学报》，2007(1)。

② 刘煜民:《当前小学主题班会存在的误区及对策研究》，载《辽宁教育行政学院学报》，2007(1)。

他们往往对班会的主题及意义缺乏深刻的认识，也不具备必要的教育素养和教育机智，因此在整个过程中，他们无法发挥教育和引领的作用。主题班会中，班主任的这种“放手”并非对学生的合理“授权”和信任，而是一种放任。这种现象反映了班主任引领学生健康成长的责任感和专业能力的双重缺失。

六、缺共鸣

情感目标是主题班会的重要指向。只有激发学生的情感，使学生对班会主题和内容真正产生共鸣，才能使班会真正入脑入心，取得实效。然而，很多班主任对共鸣的价值认识不足，也没有掌握引发共鸣的有效教育手段，导致主题班会成为学生眼中的“鸡肋”，食之无味、兴趣索然，甚至引发学生的抵触和反感。下面是大赛中某主题班会中的一个片段。

【案例 3–3】

六年级热爱生命主题班会

班会目标

①感知生命的存在，懂得爱护、珍惜生命。

②感悟生命的美好，激发热爱生命、珍惜当下的情感。

③将热爱生命落实到具体的行动中去，升华生命的意义。

班会过程

一、环节一：感知生命的存在

（一）出示图片，介绍背景

教师出示图片。（图片内容为医生在护送一位住院近一个月的老人做 CT 途中，停下来与其欣赏了一次久违的日落。）

（二）围绕“夕阳照”，交流生命触动

师：最让你触动的地方是什么？

生 1：生命至上，医者仁心。不放弃任何每一个生命。

生 2：平时常见的日落场景在那一刻显得弥足珍贵。

（三）回归自身生活，浅谈生命存在

师：你现在所理解的生命是什么？（举例说明）

生 1：生命是生活的基础，只有活着，才可以做有意义的事情。所以，应学会保护自己，为自己的身体负责，不轻易浪费时间。现在生活中，有一些青少年沉迷网络，经常熬夜玩游戏，不爱惜自己的身体，这些都是不珍视生命的表现。

生 2：生命是与家人相伴。父母给了我们生命，好不容易把我们拉扯大。百善孝为先。我们应该多陪伴父母。所以，在学习与生活中，我们应该多换位思考，不应该很情绪化，与父母争辩或争吵。

…………

（四）小结学生想法，引出主题

班会点评：

该环节的设计意图是从真实案例入手，激活学生对生命的认知，让学生懂得生命是真真正正的存在，从而引出主题。应该说，这一设计体现了班主任具有较高的德育课程资源敏感性，能迅速地从社会热点新闻中挖掘德育资源，并将其运用到主题班会中。但对于小学六年级的孩子们来说，这一素材的适切性存疑。

客观地说，班主任选择用这张图片是有充足理由的。老人手指夕阳，医生驻足眺望，余晖下的身影，让人感念生命的可贵、温暖与不易。

但需要注意的是素材与学生身心发展的适切度。对于六年级的小学生来说，生命历程还非常短暂，不够丰富的生命体验和生活阅历让他们很难理解夕阳之于生命的隐喻，很难因老人对夕阳的眷念和感慨而产生共鸣。因此，这一做法本质上罔顾了学生的年龄阶段和认知特点，用成人视角来替代儿童视角，不会收到很好的教育效果。

第三节　好班会是这样炼成的

一、高立意

立意，在中国的文学和艺术创作中有着至高无上的地位和作用。关于立意，名家大师留下许多经典名言。比如，庄子就说过“语之所贵者，意也”，王羲之则强调“意在笔前”，王维认为“凡画山水，意在笔先”，张彦远提出“意在笔先，画尽意在”“骨气形似，皆本于立意”，王原祁也认为“如命意不高，眼光不到，虽渲染周致，终属隔膜”。就写作而言，立意是一篇作品确立的“文意”，它包括全文的思想内容、作者的构思设想和写作意图及动机等。一件作品能不能成为传世佳作，关键在于立意是否高远。立意不高，行文不远。高立意在写作中如此重要，在主题班会中也同样重要。组织主题班会跟写作在逻辑上高度相似，都是围绕着某一主题来做文章。主题班会的立意是指其主题思想、要达到的教育目标以及教育的价值所在。

和艺术创作追求高立意一样，主题班会也必须有高立意。《中小学德育工作规程》指出：“中小学德育工作的基本任务是，培养学生成为热爱社会主义祖国、具有社会公德、文明行为习惯、遵纪守法的公民。在这个基础上，引导他们逐步确立正确的世界观、人生观、价值观，不断提高社会主义思想觉悟，并为使他们中的优秀分子将来能够成为坚定的共产主义者奠定基础。”主题班会是中小学班主任开展德育工作的重要工具，必须以实现上述崇高目标为班会设计的立意和指导思想。主题班会的高立意，是指班会主题要高远、高雅。每一个事例、每一段陈述、每一次活动都关乎道德判断的形成、道德情感的激发、道德意志的锤炼和道德行为的养成。主题班会的高立意，又常常跟小切口相搭配。这是因为德育必须符合中小学生的认知水平和规律。德育活动必须以学生已有的生活经验为依据，遵循从感性到理性、从具体到抽象、从熟悉到陌生、从已知到未知的顺序。[①] 杭州市胜利实验学校殷晓艳老师的主题班会就为我们提供了一个“高立意、小切口”的精彩范例。

---

① 江学斌:《“立意”与“起点”——谈主题班会课的组织》，载《班主任之友》，2006（9）。

【案例 3-4】

将爱国刻在脊背上
——六（1）班爱国主义教育主题班会

班会目标

①通过揭秘防护服上的签名，分享背后的爱国故事，解读爱国精神。

②通过榜样采访、情景辨析，明确爱国价值，激发心系国家的爱国情感。

③通过汇聚爱国金点子、绘制爱国文化衫，将爱国热情付诸实际行动。

班会准备

《爱国先贤》快闪微视频，防护服上的签名图片，采访单，爱国文化衫等。

班会过程

一、导入：故事导入，引出主题

①讲述《岳母刺字》的故事，感受岳飞精忠报国的爱国之情。

②走进历史长河，共话爱国先贤。播放快闪微视频，感受爱国主义精神是中华民族的优良传统，构筑起民族的脊梁。

③揭示班会主题：刻在脊背上的爱国精神。

二、环节一：揭秘签名，解读爱国精神

（一）活动一：分享签名，讲述爱国故事

分享学生课前收集的防护服上的爱国签名及相关图片，讲述背后的感人故事。

（二）活动二：畅谈感受，解读爱国精神

引导学生从爱国签名和爱国行为出发畅谈感受，解读爱国精神。我们虽然看不见防护服下工作人员的模样，但是他们的爱国精神影响了每一个中国人！

设计意图：从细微之处入手，讲述防护服背后感人的爱国故事，解读爱国精神，并由点及面，通过万众一心、顽强拼搏、奋勇前进的爱国故事，引导学生认识到爱国行为既可能是感天动地的壮举，也可能融入日常生活的点滴中，达到以小见大的效果。

三、环节二：现场互动，激发爱国之情

（一）活动一：现身说法，引领价值观

邀请在不同岗位工作的学生家长介绍他们的工作经历，树立榜样。

（二）活动二：现场互动，激发爱国心

①现场采访：学生代表根据采访单进行提问。（图 3-1）

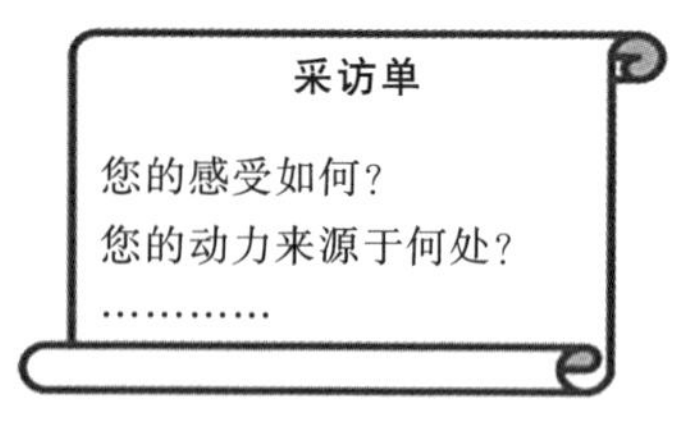

图 3–1　采访单

②表达感谢：师生表达崇敬和感激之情，激发心系国家、报效社会的强烈情感。

③家长寄语：家长对学生提出期望和建议。

设计意图：通过身边的榜样现身说法，学生能够理解榜样人物行为发生的原因，明确爱国主义是每一个中国人的坚定信念和精神依靠。在互动中，榜样身上蕴含的爱国主义精神会深深地影响学生，激发学生强烈的爱国热情。

四、环节三：反思寻方，砥砺强国之志

（一）活动一：戏剧表演辨价值

①表演校园情景剧《小刚的故事》。

第一幕：升旗仪式上，小刚和小东推推搡搡。身边的小红一直笔挺地站着。小刚看到后，停止了推搡，也笔挺地站着。

第二幕：上语文课时，小刚在描绘狼牙山五壮士的插图上乱涂乱画。小红看见了，劝阻小刚，小刚却说自己年龄小，爱国离自己太远了，没关系。

第三幕：放学后，小刚马马虎虎地做值日，嫌抹布脏，不愿意洗。小红和小明都劝他，可他不但不听，反而和小东一起丢下工具去玩了。

第四幕：小刚在家做作业，小明邀请他打游戏。他一开始很犹豫，可小明说“游戏打得好将来也能赚钱”。小刚觉得有道理，就和他玩了起来。

②思考并讨论：小刚的做法对吗？

（二）活动二：反思自身寻方法

①讨论，汇聚全班智慧，寻找爱国方法和途径。

②选出爱国金点子，分类汇报。

设计意图：通过情景表演，反思自身，砥砺学生自觉地维护国家尊严，把自己的理想同祖国的前途、民族的命运紧密地联系在一起，把个人努力融入实现中国梦的伟大历程之中。

五、环节四：创意绘制，实践报国之行

（一）活动一：创意绘制，书写爱国之心

在定制的爱国文化衫上写下爱国签名、我的目标、我的行动。（图 3-2）

图 3-2　爱国文化衫

（二）活动二：定期反馈，实践报国之行

①汇聚爱国墙：为爱国文化衫拍照，将照片上传到学习平台，汇聚成班级爱国墙。

②分享爱国志：分享爱国签名、我的目标和我的行动。

设计意图：马卡连柯认为，认识和行为之间有一条鸿沟，需要用实践来填平。因此，对学生的爱国主义教育不是口头上的事情，要引导学生在长期实践中，达到知、情、意、行的统一。

班会总结

同学们，爱国情感是中华民族最深层次的、最持久的情感，是我们每个中华儿女的立德之本、力量之源。虽然你们年龄还小，但你们是祖国未来的建设者和接班人，你们小小的脊梁上也有一份沉甸甸的责任和使命。我们不仅要将爱国情感牢记于心，而且要落实到自己的一言一行中，为实现中华民族伟大复兴的中国梦贡献自己的力量！

班会延伸

①阅读爱国书籍，观看爱国纪录片、电影等，积极了解祖国的历史和革命传统。

②利用学习平台制作个性化 21 天打卡表，落实爱国行为，定期反馈。

③评选班级“爱国美少年”，收集爱国事迹，制作班级爱国电子书。

班会点评：

习近平总书记指出，爱国主义情感让我们热泪盈眶，爱国主义精神构筑起民族的脊梁。“培养学生爱党爱国爱人民，增强国家意识和社会责任意识”是《中小学德育工作指南》的德育总体目标。然而，六年级学生处于人生发展的“拔节孕穗”期，对基本国情和红色精神只有粗浅了解，对当下自己作为小学生应该如何爱国也存在着实实在在的困惑：一是觉得自己年龄小，爱国离自己很遥远；二是并没有明确认识到爱国主义是每一个中国人的力量之源、精神依靠；三是不能将爱国之情与自身的学习和生活联系起来，让爱国主义成为自己克服困难、迎难而上的行动指南。因此，常用的爱国主义教育方式对于小学生而言很难取得良好的效果。

面对这一难题，殷晓艳老师给出了自己的思路，那就是选择吸引小学生关注的防护服背后的签名作为载体，从细微之处入手，讲述防护服背后感人的爱国故事，解读其中蕴含的爱国主义精神，并通过身边的榜样现身说法、情景辨析、爱国文化衫绘制等多元化活动，让学生了解万众一心、顽强拼搏、奋勇前进的爱国故事，引导学生认识到爱国行为既可能是感天动地的壮举，也可能融入日常生活的点滴中，达到以小见大的效果。殷晓艳老师这一见微知著、小中见大的做法充满了亮点，为开展中小学爱国主义教育提供了精彩的思路，也给破解主题班会的平庸化带来了一剂良方。

二、生活化

陶行知极力倡导德育生活化。他认为:“没有生活做中心的教育是死教育，没有生活做中心的学校是死学校，没有生活做中心的书本是死书本。”[①] 德育专家鲁洁也指出：道德存在于人的整体、整个生活之中，不会有脱离生活的道德。品德的培养应当遵循一种生活的逻辑，而不是一种纯学科的逻辑。[②] 长期以来，我国中小学德育以知性德育为主。知性德育将道德视为外在可测的知识体系，德育目标关注宏大的主题，德育内容较为空泛，远离学生生活实际，德育的方式以认知活动和知识灌输为主，与学生的亲身体验脱节。基于对传统知性德育上述弊端的反思，自 20 世纪末开始，我国学者大力倡导生活德育，主张德育向生活世界回归。生活德育理念逐渐被我国中小学了解。

生活德育主张生活是学校德育的出发点、行进点和归宿点，强调生活是道德赖以生存和发展的沃土。生活德育就是让学生学会过一种道德的生活，即在立足于现实生活世界的基础上培养学生的德行，而不是在现实生活之外的另一个世界里去培养学生的德行。通过道德的生活来学习道德，有效的德育必须从生活出发、在生活中进行并回归生活。中小学的德育活动必须与生活紧密结合。中小学德育生活化是一个系统，包括德育内容的生活化、德育过程的生活化以及德育方法的生活化。

德育内容的生活化要求中小学德育在选择德育内容时，要从学生的生活出发，选择贴近中小学生生活实际的德育主题，考虑到他们的身心发展阶段及接受能力；德育过程的生活化是指确立学生在德育过程中的主体地位，调动学生品德发展的积极性、主动性和创造性；德育方法的生活化要求创设与生活相关的情境，引发学生的情感体验，将德育知识学习和学生行为习惯养

---

① 陶行知:《生活即教育》，131 页，武汉，长江文艺出版社，2021。

② 鲁洁:《在学习中找到通向生活的道路》，载《中国教育报》，2002-09-10。

成相结合。近年来，生活德育也逐渐被中小学班主任熟悉和接受，很多班主任开始有意识地将德育生活化作为自己设计与实施主题班会的指导思想，让主题班会回归中小学生的生活世界，活化了班会的形式，提升了班会的教育效果。

【案例 3–5】

“筷”蕴文化，见微知“箸”
——二年级弘扬中华优秀传统文化主题班会

班会目标

①通过观看视频、搜集故事等，了解筷子的由来及发展，激发对筷子的探究兴趣。

②通过快人“筷”语、一睹为“筷”等，感悟筷子文化的内涵和价值，增强文化自信和文化认同。

③通过“筷”炙人口、赓续传承等，感受筷子的深层寓意，体会筷子文化的传承意义，弘扬中华优秀传统文化。

班会准备（略）

班会过程

一、导入：猜灯谜，说筷子

到了传统节日——元宵节，我们会进行一个传统的活动——猜灯谜。今天，老师也带来了一个灯谜，请大家来猜一猜：哥俩一样长，进出总成双；酸甜苦辣味，总是它先尝。

答案就是我们日常生活中常见的筷子。今天，每个小朋友都带来了一双筷子，仔细看一看、摸一摸。你知道关于筷子的传说吗？你知道筷子有哪些寓意吗？让我们和筷子交个朋友吧！

二、环节一：快人“筷”语

（一）活动一：反手用筷，温故知难

1. 观看视频

视频内容：幼童在成人的指导和帮助下努力学习使用筷子；外国人对筷

子充满好奇，也在努力学习使用筷子，熟练使用后，他们发现使用筷子时灵活度更高、方便性更强。

2. 回顾幼童时期学习使用筷子的经历，重温当时的感受

学生活动：用与自己平日使用筷子时相反的手尝试夹各种物体。比如，夹小番茄、巧克力豆等。

学生谈感受，总结学习使用筷子的不易，越小的东西越难被夹住。

（二）活动二：自主探究，知晓起源

课前让学生通过多种途径搜集关于筷子起源的故事，课上让学生分享。

三、环节二：一睹为“筷”

（一）活动一：观看视频，知晓过程

视频一：大禹在治水的过程中，随意折了树枝当作筷子，这双筷子粗糙且简单。随着时间的推移，筷子变得越来越精美，不同材质的筷子也相继出现，筷子的使用慢慢地延续了下来，一代代传承。

思考：筷子到底变了没有？请学生自由发言。

视频二：制作一双筷子要经过很多道工序，如选料、切料、刨平、反复打磨、清洗、浸泡、煮、再次清洗、晒干等。

请学生回顾一双筷子的制作步骤，并进行展示，让学生感受制作的不易。

（二）活动二：细读数据，知晓热度

据了解，全球有十几亿人使用筷子。出示世界地图，把以筷子为主要餐具的国家用显眼的颜色标注出来。

四、环节三：“筷”炙人口

（一）活动一：握法研究，知其要点

①小组讨论筷子的握法，交流自己是如何学会这种握法的。

②出示筷子握法示意图，讲解要点。

③跟随视频学习筷子的握法，小组自行练习。

（二）活动二：知其美寓，递送祝福

1. 观看视频

日常生活中，人们常把美好的寓意寄托在筷子上。比如，把筷子送给好

朋友，有着双木成林、同甘共苦的寓意；送给小孩，有着快快长大的期望；送给老人，有着喜乐安康、福寿无边的祝福。

2. 小组讨论

还可以赋予筷子哪些新的寓意？把你创设的新寓意写在祝福卡上面。

筷子经过千年的传承，已经成为我们精神文明的一部分。它不仅承载着历史，也承载着很多美好的寄托。正确使用筷子，为筷子赋予新的寓意，都是在传承中华优秀传统文化。

五、环节四：赓续传承

（一）活动一：文明礼仪，齐力学习

①学生现场用筷子吃饺子，在这个过程中，教师细心观察学生的表现。

②让学生说说看：在刚才吃的过程中，我注意了哪些使用筷子的礼仪？哪些礼仪没有被注意到？

③通过儿歌呈现正确使用筷子的礼仪，并邀请学生上台表演。

小小筷子学问多，今天我来说一说。

大人动筷我再动，筷子不能乱指点。

不挑不拣不乱翻，乱敲乱插是忌讳。

站立夹菜不礼貌，转到面前再来吃。

大家一起吃饭菜，公筷公勺用起来。

小小筷子肩并肩，团结互助力无边。

中华民族好传统，餐桌文明记心里，记心里！

（二）活动二：关注环保，齐心共治

①出示数据：2015—2021 年，我国平均每年要消耗约 500 亿双一次性筷子。若把它们连接起来，可以绕地球几十圈；若把它们堆积起来，需要数百个教室才可以装得下。

②出示图片：出示大量使用一次性筷子的图片。

③学生畅谈：如何做才能既弘扬中华优秀传统文化，又保护我们的地球？

（三）活动三：优秀传统，传承弘扬

学生活动：我们该如何传承和弘扬中华优秀传统文化？

①小组交流，把建议写在题板上。

②小组代表发言。

师：传承中华优秀传统文化，树立文化自信，让更多的人来了解中华优秀传统文化，是我们的使命。现阶段，虽然我们还小，但我们依然可以用自己的方式去传承、去弘扬！

（杭州银湖科技城硅谷小学　丁婉青）

班会点评：

这节主题班会散发着浓郁的生活气息，体现出鲜明的德育生活化追求。

“莫道筷箸小，日日伴君餐；千年甘苦史，尽在双筷间。”筷子作为餐具，不仅见证了中华优秀传统文化的发展，本身也承载着弘扬中华优秀传统文化的重要使命。小学低段的学生处于“扣好人生第一粒扣子”的关键时期，但班里不少学生对中华优秀传统文化知之甚少，对其承载的内涵和价值的认识不足。习近平总书记指出，中华优秀传统文化教育抓早抓小、久久为功、潜移默化、耳濡目染，有利于夯实传承中华优秀传统文化的根基。小学二年级的孩子处于身心发展不成熟的阶段，有强烈的好奇心，但缺乏独立认知的能力。同时，他们对于筷子的使用还不熟练，筷子对于他们来说就好像是“最熟悉的陌生朋友”。因此，该班会以小学生再熟悉不过的筷子为载体，基于小学生的生活经验，激发起小学生对中华优秀传统文化的探究兴趣，感悟中华优秀传统文化的精神。

班会内容贴近学生实际。筷子握法不正确、使用筷子不灵活、不注意使用筷子的礼仪，这些都是小学生在日常生活中常常碰到的问题。教师选择这些问题，引导学生反思自己使用筷子的习惯，激发学生认识到小小筷子背后体现的中华智慧。这样的内容设计有效开发和合理利用了儿童生活世界中的德育资源，体现了课程资源意识和教育智慧。

教育方法多元、有趣味，符合学生的身心发展水平。班会利用猜灯谜、反手用筷、吃饺子体验、儿歌表演等小学低年级学生喜闻乐见的活动方式，成功激发起学生参与活动的兴趣，让学生在活动中掌握方法，体验到成就感。

三、故事化

这里说的主题班会的“故事化”，与常规意义上班主任在班会上讲故事有根本的区别。通常情况下，班主任在班会上讲故事，只是过程中的一个环节，而且，班会上的故事可能不止一个。而“故事化”指的是班主任将整个班会设计成一个完整的故事。故事成为主题班会的基本结构，整个班会都以故事的形式呈现和开展。在某种意义上，大家可以把这样的主题班会想象为一部完整的故事影片，班主任是这部故事影片的导演和设计师，全班同学都作为主演，班会的主题就是故事影片的中心思想。班主任精心选择素材、设置故事情境，学生积极参与体验，通过故事的浸润，达到“大教无痕”的德育目的。

为什么要将主题班会故事化？这是因为主题班会“故事化”是破解主题班会平庸化、拼盘化误区的有效工具。平庸的主题班会往往无视体验，空洞说教，把空泛乏味的抽象道理强行灌输给学生，从而导致班会缺乏实效。而故事化班会如同精彩的大片，有生动的情节，有多元化的艺术性形式，有角色扮演，有两难情境引发的认知和情感冲突，能够极大地引发学生的代入感和参与感，从而化解了常规班会的平庸化。

拼盘化误区的实质是主题班会的各个环节和内容之间缺乏联系，给人以支离破碎和强行拼凑的感觉。而在故事化班会中，班主任将所有的教育素材整合为一个完整的故事，所有的表现形式都是为了故事情节的发展服务的，班会也因此成为一个逻辑自洽的整体。

为什么主题班会可以故事化？那是因为故事本身就具有道德教育的力量。体验是品德学习的内在机制，离开了体验，德育就无法发生。研究表明，学生道德体验有“亲验”和“想验”两种类型。“亲验”即体验者亲临道德事件发生的现场以获取亲身体验；而“想验”是指联想性体验，是指体验者在自己有亲身体验的基础上，通过理解他人亲身体验的客观化物而将他人的亲身体验感同身受。[①]前者是后者的基础，而后者则是前者的深入和扩展。显然，由于条件和时间的限制，在大部分情况下，中小学生无法到真实事件发生的现场去“亲验”。而班主任可以运用主题班会故事化的策略来营造故事场景，为无法“亲验”的青少年提供“想验”的机会。学生通过“想验”的“在场感”，获得代入式道德情境体验，从而激发道德情感，促进品德发展。[②]杭州市采荷第二小学孙晓慧老师就为学生们呈现了一节精彩的故事化主题班会。

【案例 3–6】

解除“巫婆魔咒”
——三年级生命安全与健康教育主题班会

班会目标

①通过“联系生活”“深入采访”，了解近视的现状和近视给生活带来的不便。

②借助“多方体验明不便”“现身说法晓危害”，进一步知晓近视带来的危害，通过寻找近视的原因，产生护眼的愿望和情感，体会护眼的紧迫性。

③通过制作“护眼五彩盾牌”，养成良好的用眼习惯。

班会准备（略）

班会过程

一、导入：巫婆施咒

（一）创设情境

昨日，老师收到了一封求救信：小朋友们，我是爱眼王国的国王。我们国家的子民有难了！他们之中，很多人中了巫婆的魔咒，双眼视力严重下降，原本明亮清晰的世界变得一片模糊……怎么办？快来帮帮我们吧！

巫婆开始施咒：哈哈，我就是巫婆！是我在爱眼王国施了魔咒！我要让

---

① 刘惊铎：《体验：道德教育的本体》，载《教育研究》，2003（2）。

② 米潇、杨道宇：《故事的道德教育力量解析》，载《教育评论》，2013（4）。

那里的子民都看不清世界！

（二）接受任务

寻找解除“巫婆魔咒”的办法。

二、环节一：魔咒现状，知“近视”不便

（一）联系生活，揭示近视现状

巫婆的魔咒正在持续释放魔力，爱眼王国中的孩子们中了魔咒，纷纷戴上了眼镜。

了解班级中同学们的近视现状，引导大家共同寻找解除魔咒的办法。

（二）深入采访，感受近视不便

邀请几个近视的同学来谈一谈戴上眼镜之后的感受，知晓近视会给生活造成很多不便。

三、环节二：魔咒危害，激“护眼”之情

（一）多方体验明不便

①全班学生共同体验串珠，发现很快就能将珠子串好。

②打开“魔法盒子”，里面有被巫婆施了魔咒的眼镜（眼镜上贴有一片纸膜）。请学生戴上眼镜，并继续尝试串珠。

③巫婆继续施咒，请学生再在眼镜上贴一片纸膜，并继续尝试串珠。

采访学生，谈谈三次串珠的不同感受，体会双眼模糊时的感受，以及拥有一双明亮眼睛的重要性。

（二）现身说法晓危害

看来，近视真的给我们的生活造成了不少影响。出示课前采访视频，从多方面引导学生知晓近视的危害。

填报志愿的高中生：同学们好，我的梦想是成为飞行员，但我因为近视而被淘汰了，我觉得很难过。不仅如此，我发现很多职业都对近视的人关闭了大门，真是太可惜了。

招生人员：近期我们在招收飞行员，本来有300名符合条件的高中生参加了体检，但只有几十人通过，很多学生未通过是因为视力不达标。视力下降不仅影响自身，而且还会给国防事业的发展造成影响。

接送孙女的老伯：自从近视后，我就特别怕遇上下雨天。雨淋下来，我的眼镜上就好像被蒙了一层膜，太不清晰了。走在路上，我生怕因看不清周围而遇到危险。

眼科医院的医生：小朋友们，近视不仅会给我们的生活造成影响，而且还会影响外貌。随着近视度数的加深和近视时间的变长，我们的眼轴会变长，眼睛可能会出现突出的情况。

四、环节三：魔咒成因，探“近视”之因

（一）数据呈现，急需解危

出示1970—2015年的近视率，发现近视人数逐年递增，2000年之后更是飞速上涨。

（二）共同合作，探求原因

巫婆还在不断施咒：虽然我施加了魔咒，但你们有没有想过，导致近视的真正原因出现在你们自己身上呢?

学生搜集导致近视的原因，小组派代表上台汇报。通过整理发现，其实近视多半是由于平时不注意用眼卫生导致的，如长时间使用电子产品、用眼距离过近等。这些原因像一支支利箭刺向我们明亮的双眼，学生应该从自身做起，关注平时点滴的用眼习惯。

（三）激光矫正，利弊辩论

不同的声音：我听说即使近视了也没关系，可以通过一些办法如进行激光手术来治好。

学生自由阐述，从而学会从根本上爱护自己的双眼。

五、环节四：魔咒解除，现“明亮”双眼

（一）群策群力，破解魔咒

鼓励学生以小组为单位，寻求破解魔咒的办法，帮助爱眼王国改变现状。

预设：①进行护眼小游戏；②认真做眼保健操；③养成护眼好习惯。

（二）五彩盾牌，保护双眼

小组成果展示，每个组用自己喜欢的方式进行汇报，并借助教室中现有的材料，制作“护眼五彩盾牌”。不同颜色的盾牌代表不同的护眼方式。

爱眼王国的国王：谢谢孩子们，感谢你们的“护眼五彩盾牌”，我会把它们带回去，解除巫婆的魔咒。相信你们也能坚持护眼，欣赏五彩的世界！

班会点评：

眼睛是人体最重要的感觉器官之一，从外界获得的信息约90%来自眼睛。习近平总书记先后多次就儿童青少年近视问题做出重要指示，“全社会都要行动起来，共同呵护好孩子的眼睛，让他们拥有一个光明的未来”。教育部认真落实党中央、国务院决策部署，就青少年近视问题，将学生“防近”工作提上议事日程，纳入部门工作计划。2018年，教育部等八部门联合印发《综合防控儿童青少年近视实施方案》；2021年，教育部办公厅等十五部门印发《儿童青少年近视防控光明行动工作方案（2021—2025年）》；2021年，《生命安全与健康教育进中小学课程教材指南》指出，应关注中小学“健康行为与生活方式”，要点包括“用眼健康”。如何让小学生掌握科学用眼的知识，养成保护眼睛的良好习惯？孙晓慧老师利用精心创设的故事化主题班会给出了自己的精彩思路。

孙晓慧老师通过调查发现，在当前教育环境背景下，小学生对于护眼知识并没有正确的认知，护眼的意识也没有确立，个别同学护眼的态度也不够端正，没有认识到眼睛对其的重要性，平时没有做到正确护眼。这些都成为青少年近视率逐年攀高的“隐形杀手”。针对这一现状，孙晓慧老师采用了故事化策略，以小学生日常生活中不良用眼现象为切口，创设了“爱眼王国”情境，将三年级生命安全与健康教育主题班会巧妙设计成克服重重困难解除“巫婆魔咒”的爱眼护眼主题班会。这一别具匠心的设计，颠覆了主题班会的传统形式，让健康教育这一相对枯燥、理性的话题变得生动、有趣。

故事化主题班会的核心是故事的教育性设计，它要求故事贯穿班会实施的全过程，故事的发展要始终紧扣班会的主题，同时要体现出故事特有的情境性、冲突性、形象性。本次主题班会非常好地体现了上述特征。班会以贯穿始终的“巫婆施咒”“破解魔咒”为线索，巧妙地将近视的危害、不良的用眼习惯、科学的护眼行为有机地融入其中，并穿插了情景体验、讨论思辨等多元化的教育方式，成功地调动起学生参与活动的热情，使学生深刻地认识到巫婆的魔咒是一种警示，保护视力迫在眉睫，要把爱眼护眼作为日常的良好习惯，从根本上爱护自己的双眼，如此才能拥有一双明亮的眼睛。

四、巧体验

随着人们对传统灌输说教式德育的弊端的深入反思，体验之于中小学德育的重要性已日益为人们所重视。体验是德育有效性的前提与桥梁。[①]苏霍姆林斯基说，道德准则，只有当它们被学生自己去追求、获得和亲身体验过的时候，才能真正成为学生的精神财富。亚里士多德也指出，青年人学习道德和善的课程之所以效果不佳，是因为他们对生活尚无实践经验，而道德却是来自生活经验并说明生活经验的。体验可以激发学生获得道德认知的兴趣；体验可以让德育与学生生活经验发生情感连接，使学生经历情感冲击，帮助学生理解、内化、领悟德育规范；体验可以让学生经历认知冲突和实践困境，丰富学生的生活经验，促进人格完善；体验可以激发学生的道德想象力，帮助学生领悟到德育享用功能。《少先队活动课程指导纲要（2021 年版）》特别指出，“注重采用全景式、体验式、沉浸式的实践方式，引导少年儿童在课堂内外、学校内外、线上线下参与丰富多彩、生动活泼的少先队活动，在实践中体验生活、感知社会、了解国情，提升活动的代入感、时代感、获得感”。

与此同时，近年来，具身德育的兴起也从另一个视角揭示了体验对德育的特别意义。具身德育认为，我国中小学德育长期以来漠视身体的地位和作用，具有脱离学生的生活实际、脱离学生身体与环境的交互作用、脱离学生的身体力行等明显的“离身”特征，从而导致德育的悬空、虚化、说教等问题出现，严重影响中小学德育的实效。[②]因此，具身德育强调，中小学德育要重视从身体角度来设计和实施德育主题活动，重视学生在德育活动中的体验，创设机会让学生深度参与德育活动，唤醒学生的身体感觉和情感体验，实现由“离身”向“具身”的转变。[③]

从笔者近年来的观察来看，包括主题班会在内的各种中小学德育活动中，也逐渐出现体验的影子。在近几年的各级班主任基本功大赛中，有些选手甚

① 宋振韶、金盛华:《情感体验：教育价值及其促进途径》，载《教育科学研究》，2009（1）。

② 孟万金:《具身德育：背景、内涵、创新——论新时代具身德育》，载《中国特殊教育》，2017（11）。

③ 左群英:《体验：让德育活动走进学生心灵》，载《中国教育学刊》，2017（4）。

至提出“无体验，不班会”的口号。但纵观很多主题班会中的体验活动，总体上表现出形式单调、手段陈旧、走过场等现象，给人一种“为体验而体验”的感觉。如何设计出让人眼前一亮的体验活动？如何让主题班会中的体验活动真正激发学生的认知冲突和情感体验？宜兴市红塔小学的郑静老师在2020年长三角地区中小学班主任基本功大赛主题班会模块的一个片段为我们提供了一个很精彩的范例。

针对小学生挑食、浪费粮食的问题，该班会确立了“制止餐饮浪费，培养节约习惯”的教育目标。学生虽然在口头上表示要节约粮食，但在内心深处对粮食的重要性、粮食的来之不易缺乏情感体验。为此，郑静老师首先播放了《一粒米的诞生》的视频；之后，设计了一个“插秧”的体验环节。

师：视频看完，大家有怎样的感受？

生1：农民伯伯种这一粒米可真辛苦，原来这中间需要那么多的步骤。

生2：农民伯伯种得很辛苦，农民伯伯可真是不容易。

师：对呀，这一粒米要经过那么多的环节，才能到我们的饭碗里。农民伯伯真辛苦呀，这一粒粒米，饱含了农民伯伯的心血，那我们应该怎样对待粮食？

生：要珍惜粮食。

师：一粒米的诞生非常不容易，整个过程中有育苗、插秧等环节，今天我们要不要来体验一下其中插秧的环节？好，我们全体起立，把手中的笔当作秧苗，然后双腿打开，弯腰屈膝。地面就相当于水田，然后大家把手里的笔一下又一下地插进泥土里，学会了没有？好，那我们一起来体验一下。

师：我看好多同学都叹气了。我来采访一下，你们的感觉怎么样？

生1：感觉腿特别疲倦。

生2：感觉腿都站麻了，而且腰也很酸，我一边插一边用手扶着腰。

生3：我觉得头很晕。

师：刚刚我们只是体验了插秧，而农民伯伯卷起裤腿，把双脚插进淤泥里面，在那里一工作就是一整天。

生：真是太不容易了。

师：结合刚才插秧后的反应，说说你们的心情现在怎么样。

生 1：农民伯伯真是太辛苦了。

生 2：我们竟然还浪费食物，真是太不应该了。我们要节约粮食。

生 3：农民伯伯太辛苦了，我们居然还挑食，真是太不应该了！

师：对呀！我们应该好好珍惜粮食。

从学生在课堂上“插秧”的真实表现和之后的现场感悟来看，郑静老师这个模拟插秧的体验活动取得了非常好的教育效果。这个环节之所以会取得成功，有以下几个巧妙的安排值得大家学习。第一，体验前有铺垫。大部分学生不知道粮食的生产过程，单纯说教无法与学生的生活经验产生有效的连接，不仅起不到应有的作用，反而会导致学生产生抵触和厌烦心理。因此，郑静老师巧妙地利用视频，一方面引发学生的兴趣，另一方面视频中插秧的镜头也给学生接下来的插秧行为提供了示范和铺垫。第二，体现了具身性。从课堂表现来看，学生插秧的动作很笨拙、很费劲，这表明这一活动给予了学生非常大的挑战和刺激。这种感受是任何语言都无法传递的，只有通过身体才能够真切感受到。第三，体验后有引领。从身体的体验中提炼感悟，产生新的德育观念和情感，这一过程离不开教师的及时点拨和引领。可以看到，学生“插秧”活动刚结束，郑静老师就及时询问同学们的感受，并及时点拨、引领，帮助学生从生理的感受中品味情感的触动，进而上升到理性的认识。

五、真讨论

讨论是主题班会的一种常见的手段。在班会上适当组织讨论，能让班会显得更民主，学生的主体性更为凸显。笔者观摩过的班会几乎都安排了讨论的环节。然而，仔细去审视这些讨论，不难发现大都存在着为讨论而讨论的形式主义倾向。很多讨论只是做做样子，教师还没有等讨论充分展开，就急忙忙终止学生的讨论，进入预设好的下一个环节。还有一些讨论中，貌似学生自主发言，可实质上还是教师说了算。另外，有一些教师未能充分地预热和激发学生讨论的愿望，导致出现冷场和尬聊现象。这样的讨论肯定是不会取得良好效果的。

班会上的讨论，应该是基于价值澄清理论的“真”讨论。价值澄清理论是西方道德教育领域最具影响力的理论流派之一。这一理论认为，学校不应采用灌输式的方法来进行品德教育。每一个学生的每一个行为，都是在其内在的价值观支配下产生的。它主张教师创设情境，寻找恰当的话题，引导学生在自主思考的基础上，通过自主、充分的讨论，学会分析不同的价值观，构建自己的价值观，掌握价值澄清和辨析的能力，促进道德水平的提升。价值澄清法目前也已成为我国德育的重要方法，很多优秀班主任在主题班会中也开始引入这一方法来提升讨论的成效。以下为温州市南浦实验中学李远平老师在“争做向善少年郎”主题班会中运用价值澄清法组织学生开展“真”讨论的课堂片段。

情境话题：班级某个同学崴脚受伤了，你主动承担了照顾他的任务，很多同学在背后议论纷纷，说你是想借照顾他的理由偷懒以乘坐电梯，想通过这件事得到老师的表扬，虚伪！你知道后，会选择继续帮助该同学还是会就此放弃？

师生组织讨论。

生 1：我认为要继续帮助该同学。

师：继续帮助，为什么？

生 1：我们应该坚持自己本来的行为，不能因他人的议论而放弃自己对同学保持友善的初心。

师：一定要坚持自己的初心，不能让别的东西干扰自己。

生 2：我觉得还是要拒绝帮助该同学。因为我不允许自己帮助了别人，反而被别人在背后说自己。

师：哦，你的意思是你帮了他，反而被别人议论，你觉得心里很不舒服。是不是感觉自己很冤？我相信这两种观点应该都有支持者，是不是？那大家觉得哪一种观点会更好一些？

生 3：我感觉继续帮助会更好一些。不要因为别人的几句话就改变自己的行为。帮助别人是出于友善的，而友善是不求回报的。

师：刚才他说友善不求回报，这个观点很可贵。当然，刚才也有同学说，在很多情况下，我们自己做出某个行为的过程会受到别人的影响。即便如此，我们也不能轻易地动摇自己的初心。那大家想一想，我们做这个事情真的只是为了获得别人的看法吗？

生 4：我觉得继续自己的行动去帮助他人，也是对自己的磨炼。

师：非常好，即使别人怎样讽刺我、干扰我，我都不为所动。这是一种非常好的理念。友善既可以给别人带来帮助，也给我们提供了帮助。大家知道这种对自己的帮助是什么吗？就是刚才如他说的，这件事情能够帮助我们更好地去判断事情的正确与错误，能够让我们明辨是非，这其实就是对自己的一种磨炼。所以，友善除了能够帮助别人以外，很重要的其实是帮助自己、滋养自己。乐于奉献、明辨是非，都是自身成长中非常重要的品质。

师：所以，友善不仅是为了别人，而且是为了满足自己的需求。刚才有同学说了，友善是不图回报的。那除了我一个人去帮助该同学以外，大家有没有更好的想法？

生 5：我觉得大家可以一起去帮助他。

师：你为什么会产生这种想法？

生 6：让友善传递开来，班里就能形成友善的风气。

生 7：自己一个人的力量是渺小的，我可以发动全班或者更多的人去做这件事情。

师：这种想法太好了！老师真的很开心！

对于初中生来说，友善是内隐的、难以直接感知和理解的抽象概念。面对这一价值观教育的难题，李远平老师并没有采用常规的直接讲解的方式，而是精心组织了一次基于价值澄清的“真”讨论。从课堂的实际效果看，这次讨论取得了非常理想的效果。这是因为李远平老师组织的这次课堂讨论非常好地遵循了价值澄清的几个重要原则。第一，讨论的内容源自学生生活实际。班级里有人崴脚受伤得到同学的照顾，这是初中班级中很可能发生的事件，学生非常熟悉这样的话题，具有丰富的生活体验，有话可说。第二，讨论的话题具有两难特征，能够较好地引发认知和情感冲突，形成问题的张力，激发思考和探究，让学生的思想出现碰撞。第三，营造民主的讨论氛围。价值澄清的关键是列出若干不同的选择，让学生充分讨论不同选择的利弊得失，对不同的做法及其背后的价值观念进行深入的思考和分析。在讨论中，李远平老师始终用民主、平等的姿态，引导和鼓励学生大胆说出内心真实的想法，让学生在了解和辨析各种不同的观点之后，做出自己最好的选择。

第四章　智慧情境模拟

基于对情境模拟特点和优势的深刻认识，长三角地区中小学班主任基本功大赛组织委员会高度重视情境模拟在考察班主任综合素养和实际工作能力中的重要价值。从2012年至今，尽管组织委员会会对每一轮大赛的具体内容、形式和要求做一些局部的调整，但情境模拟不仅一直都是大赛的必赛模块，而且在三轮大赛中所占分值越来越高，形式也日趋科学合理。

第一轮大赛（2012—2015年）将情境模拟作为面试部分的一个环节来进行，采用当场抽签的方式，要求选手根据题目提供的具体情境，进行模拟性的体验和思考，提出解决问题的策略和方法。在这一轮大赛中，情境模拟还停留在情境分析的阶段，因此这一阶段可以被视为情境模拟的尝试阶段。在第二轮大赛（2016—2019年）中，情境模拟已升级为大赛面试部分的唯一内容，分值50分，仍然采用当场抽签的方式，要求选手根据题目提供的假定教育情境，在规定时间内完成教育情境模拟。但随着大赛组织委员会对情境模拟认识的加深，大赛对情境模拟的形式和要求进行了提升：这一轮参赛的选手被要求通过和评委互动来完成角色表演，提出解决问题的策略和方法，展现教育理念和教育智慧。第三轮大赛（2020—2023年）进一步优化了情境模拟的形式，要求参赛选手根据题目提供的假定教育情境，通过和助演互动完成角色表演，提出解决问题的策略和方法，展现教育理念和教育智慧。大赛明确要求，情境模拟要由三个环节构成：一是角色表演，时间4分钟，由选手和助演互动完成；二是案例阐述，时间3分钟；三是情境问答，时间3分钟。自此，经过三轮10余年的尝试和探索，长三角地区中小学班主任基本功大赛中情境模拟的形式臻于完善。

第一节　情境模拟：价值与演进

情境模拟是长三角地区中小学班主任基本功大赛中最具创意、最激动人心的比赛模块，在业内具有广泛、深远的影响。

情境模拟是第二次世界大战期间，由美国心理学家茨霍恩等人提出并实施的一种选拔管理人员的测试方法。基本做法是，根据组织中被测试人员可能担任的职务或岗位，编制与这些职务或岗位要求高度相似的测试题目，对被测试人员进行有关心理品质及实际工作能力的测试。在这一过程中，测试方将被测试人员安排在高度仿真的工作环境中，要求他们对情境中出现的各类问题进行诊断、分析和及时的处理。评估者采用多种测评技术，对被测试人员在仿真环境中的各种反应和行为进行记录，对其心理素质及潜在的工作能力进行考察，并对其能否胜任职务或岗位进行评价。

相较于笔试或其他面试方式，情境模拟具有显著的特点和优势。从特点上看，情境模拟具有针对性、直接性、真实性、开放性的特征。第一，情境模拟的测试题目，都是某一具体职务或岗位人员面对的实际问题。这些问题能否得到解决，关系到工作能否顺利开展，因此具有针对性。第二，情境模拟的内容就是该职务或岗位人员的工作内容；同时，在测试过程中，评估者可以直接观察到被测试人员的应对措施和行为特征，因此具有直接性。第三，情境模拟的情境设置、问题设计都来自真实的工作环境和工作内容，因此被测试人员的表现体现了真实性。第四，情境模拟内容丰富，形式自由，给被测试人员的自由发挥提供了宽广的空间和十足的弹性，有助于其充分展现自己的个性和创造力，因而具有开放性。情境模拟的上述特点，极大地增加了测试的可信度，情境模拟也因此被视为公认的、科学的人才测评方法，被广泛地运用于各类组织和各个行业的人才测评工作中。

第二节　情境模拟：环节与应对

目前正在进行的第三轮长三角地区中小学班主任基本功大赛的情境模拟模块侧重从三个维度对选手在角色表演、案例阐述、情境问答三个环节的表现进行评价：一是基本素质评价，包括仪容仪表、语言表达、思维逻辑、临场应变等；二是专业素养评价，包括专业素养掌握程度、教育观念更新程度、教育目标适切程度、教育方法创新程度、教育效果呈现程度等；三是个性特色评价，包括思路是否新颖、活动是否富有独创性等。上述三个环节，是面试现场评委看得见的部分。事实上，除了这三个环节之外，还有一个大家看不见的环节，那就是选手抽题后时长 5 分钟的场外准备环节。尽管这是一个相对隐蔽的环节，但对于选手来说，这一环节至关重要。选手能否抓住这短短的 5 分钟，对题目进行精准的分析，形成清晰的情境模拟思路，对于接下来的现场表现有着决定性的影响。因此，要想在情境模拟中有出色表现，选手就必须针对场外准备、角色表演、案例阐述、情境问答这四个环节，根据大赛对情境模拟模块三个维度的评价原则，进行精心的准备和智慧的应对。

一、场外准备要领

选手在现场抽取题目之后有 5 分钟的场外准备时间。很多选手抱怨给的准备时间太短了。面对这么短的时间，再加上马上就要踏入赛场的紧张心情，很多选手心乱如麻，什么都想做，又什么都没有做，白白浪费了这宝贵的准备时间。事实上，这种抱怨完全没有道理。在现实的班级管理场景中，各种突发现象常常要求班主任必须立刻做出判断和行动。

究其本质，情境模拟的核心其实是教育案例分析。班主任基本功大赛的每一个情境模拟题，都是一个缩微版的班级教育或管理案例。从案例分析的角度说，选手在场外准备阶段能否迅速做好以下两项工作对于后续的现场表现至关重要。

（一）阅读案例，精准审题

对题目的阅读应该分成两步：粗读和精读。在粗读阶段，选手应解决的主要问题是：迅速把握案例概貌，尽快进入案例情境；对案例的性质、问题、主要角色等有个粗略印象。粗读时，选手要对案例中的要素（如案例中的人物、关键事件等）进行圈画，以方便定位和查找。然后，带着粗读后形成的初步印象，对案例文本中的标注部分进行有针对性的细读。细读的重点是对圈画的细节部分进行有针对性的分析，形成案例分析的视角，找到切入点。

细读时可以对圈画部分进行简单的要点标注，如标出人物中的主要角色与次要角色、人物行为出现的原因和主要诉求等。在这一阶段，选手应着重区分事实和观点，对案例中人物的言论和他们的实际做法进行甄别，对案例中貌似公允的判断和决策保持高度的警惕，不要轻易地被同化。

（二）确立主要问题，搭建分析框架

任何一个班级教育或管理案例阐述的育人事件，都包含多方面的问题和成因，而每一方面的问题都有可能成为案例分析的切入点。在众多的问题中，选手能否抓住主要问题，或主要问题的主要方面，并以此为切入点，形成案例分析的框架和思路，是能否提升案例分析和情境模拟质量的关键。这也是选手场外准备的重中之重。选手可侧重对审题过程中圈画和标注的部分进行分析，运用自己批判性的眼光，采取思维导图的形式，简明扼要地列出大概思路和框架。

框架大致包含以下内容：①在该案例的诸对矛盾中，主要矛盾在哪里？如果只有一对矛盾，那么矛盾冲突的焦点是什么？②该案例涉及当下何种教育理论或教育规律？这一案例的考察意图是什么？③该案例中主要有哪些角色？其中哪些是主要的？在接下来的角色表演中，我选择什么任务角色来开展互动？互动的顺序怎么安排？④该案例中各角色的观点和行为是怎样的？他们的行为背后有什么诉求？⑤如果是我来处理案例中的问题，我最有可能采取的行为是什么？我的理由是什么？⑥案例中的情况在自己的班级中常见吗？在自己的班级里，我是如何采取对策的？当然，因为时间的限制，选手不必面面俱到，只需选择这一框架中自己觉得最关键的部分即可。有了这样的框架，后续的情境模拟就有了精准的“导航”。

二、角色表演要领

角色表演是第二轮长三角地区中小学班主任基本功大赛在情境模拟模块增设的内容，是业内公认的教师类比赛中最具挑战性，也是最具魅力的环节。和第二轮大赛安排选手与评委互动不同，第三轮大赛特意安排了助演扮演相关角色来与选手开展互动表演。助演大部分由前几届大赛的优秀选手或者区域名班主任、德育教研员来担任，他们都是具有丰富班级管理经验的资深班主任，对班主任工作较为熟悉，能较好地扮演相应角色和代入情境。这样的安排让情境模拟更为真实、生动、自然，并且也解放了评委，使其能从第三方的角度，更为客观全面地观察选手在角色表演中的表现，从而获得更为全面的信息，有利于提高评估的准确性。

在角色表演环节，选手需要注意以下事项。

第一，要有礼仪意识。选手要清晰地意识到，在面试现场，你的仪容仪表、言谈举止都是角色表演的内容和评分的对象。因此，从进入赛场的那一刻起，选手就要尽可能呈现自己最好的状态。比如，进场前可以先深呼吸，放松一下紧张的情绪，调整好心情；注意礼仪，进门前先敲门；进入赛场，面带微笑，分别向现场的评委、助演及观摩席的老师们问好，然后主动向评委介绍自己的考号和抽取到的题号，并询问是否可以开始表演。在这一过程中，选手要尽可能做到举止端庄、自然，声音清晰响亮，语速适中，以保证评委和助演能够听清楚。在和助演的互动、交流过程中，要做到态度亲和，注意聆听，不随意打断别人发言。

第二，要有情境感和代入感。选手要实现由“局外人”到“当事人”的角色转变，把自己代入高度仿真的冲突环境中，做到真正地设身处地、换位思考。在这一过程中，选手需要真正沉浸到情境中，入情入景，代入角色。

第三，要精心选择互动交流的对象，合理规划与不同角色交流的时长。在角色表演中，选手要有要事为先的意识。选择先和谁交流、后和谁交流，以及和他交流什么问题，反映了选手对案例中的主要角色以及问题的主要矛盾的认识。因此，选手在选择交流对象时，一定要根据引发问题的重要程度来排序和做出选择。另外，考虑到造成教育问题的原因一般是多方位的，因此，选手要尽可能地多和不同的角色进行交流。比赛中常常看到选手在选择交流对象时较为随意，似乎随便跟哪个角色交流都无所谓；也常常看到选手“我的眼里只有他”，长时间地只顾跟一个角色进行交流，完全无视其他助演的存在；甚至还有选手只是象征性地跟助演简单交流之后就结束了表演，表演时长严重不足。这些现象既体现了选手对案例的主要问题认识不足，又反映出选手从多个角度对学生进行教育、引领和转化的能力低下。

三、案例阐述要领

从长三角地区中小学班主任基本功大赛的比赛规则来看，在角色表演环节，选手无法决定助演的行为反应；在情境问答环节，选手更是无从预判评委的提问；而在案例阐述环节，选手可以不受干扰、不被打断，自由连贯地对案例进行分析。因此，案例阐述是体现选手水平的核心环节，选手必须在这一环节有出彩的表现。选手需要注意以下事项。

（一）案例阐述的主要内容

在这一环节，选手必须阐述清楚的内容可以概括为“4W”。①对案例中的事件或现象进行诊断，明确问题的性质，解决“是什么”（what）的问题。②对问题产生的原因进行归因分析，找出影响问题的多方面原因，解决“为什么”（why）的问题。③针对问题产生的原因，提出科学合理、切实有效的问题解决策略，解决“怎么做”（how）的问题。④交代问题解决策略的理论和政策依据，增强说服力和可信度，解决“为什么”（why）的问题。

（二）案例阐述的原则

1. 要言之有据

选手在案例阐述的过程中，对案例的分析要有三方面的依据。

一是要有事实依据。所谓事实依据是指，选手对问题的判断、原因的阐释和措施的实施，要尊重文本、尊重事实，即符合题目中给定的内容，不能为了彰显自己教育方法的成效而夸大、虚构情节和内容。比赛中常常有这样的现象。比如，为了增强学生的信心，激发学生转变的动力，选手经常会采用挖掘学生亮点的教育方法。这种方法在现实的班级管理实践中班主任确实经常采用，并行之有效，但问题在于，有的题目中明明没有提及学生某方面的特长和获得的荣誉。选手无视给定的材料，擅自给学生增加了很多“子虚乌有”的亮点，以达到成功激励学生的教育目的。这种做法是不可取的。

二是要有政策法规依据。政策法规依据也为班主任进行案例分析及提炼教育对策提供了重要保障。班主任要树立依法执教的观念，严格按照相应的政策法规来开展班级管理工作，以确保学生权益不受损害。在基本功大赛中，有相当多的情境涉及学生的权益问题。班主任如果不了解相应的法规，就难以做出正确的分析和应对。

三是要有理论依据。班主任对案例问题的分析，特别是提出的问题解决策略要想有说服力和可信度，就必须有理论依据。理论依据至少有以下几方面的重要价值：第一，能够让班主任透过现象看到问题的本质，既知其然，又知其所以然，从而加深案例分析的深度；第二，可以为班主任提供解决问题的指南。

2. 要言之有序

序指的是逻辑性。在比赛的过程中，经常会有选手在陈述时口若悬河、滔滔不绝，但细听其发言内容却杂乱无章、毫无重点。这是因为选手的阐述缺乏清晰的逻辑。案例阐述作为一种专业性表达，其表达的强度并不体现在音量和气场上，而体现在逻辑上。结构化思维是提升表达逻辑性的有效工具，选手在进行案例阐述时要遵循结构化思维。结构化思维要求选手构建一个清晰、稳定的思考和表达结构。当掌握了这个结构之后，你的思考和表达就会有迹可循，而不会出现“脚踩西瓜皮——滑到哪里算哪里”的漫无边际、语无伦次的现象。结构化的过程，就像是把一堆杂乱的毛线编织成毛衣的过程。在案例阐述的过程中，案例中大量杂乱无章的信息就像一堆杂乱的毛线，而拥有结构化思维的人会通过构建一种特定的结构把这些杂乱无章的毛线梳理得井井有条，并最终编织成一件完整的毛衣。结构化思维能让选手在分析案例时，紧紧围绕案例的核心，从多个维度、多个层次进行全面思考，并条理分明地表达。结构化思维有四个基本原则：结论先行、上下对应、分类清晰、排序有逻辑。

四、情境问答要领

这一环节要求选手听清评委提问，精准把握提问关键词，借回答进一步阐述自己的理念及做法。

很多选手表示在情境模拟中最怕的就是情境问答，担心评委会用提问来刁难自己，害怕暴露自己的短板。选手的这种负面看法会给自己带来巨大的心理压力，容易导致在该环节因紧张而应对失当。选手需要转变观念：评委的提问其实并非刁难，其背后蕴含着评委对选手的引领和指导。选手应沉着冷静，听清提问，并敏锐地意识到评委提问的指向，然后在接下来的回答中，对自己在角色表演、案例阐述环节中的不足进行进一步修正和补充。

情境问答中评委的提问主要有以下指向。

①指向案例的定性。当评委发现选手对案例中的主要矛盾定位不妥当时，他便会质疑，让选手再进行进一步的思考，给予其重新定位的机会。

②指向补充说明和进一步阐述。比赛是有时间限制的，当选手回答不够完整时，评委会通过提问让选手进一步说明自己在处理问题时的一些措施。当评委觉得某一个操作方法是行之有效的时候，他便会通过一系列的追问让选手将自己的操作方法表述清楚。比如，在某案例中，爱捣乱的小明究竟是出于什么原因才捣乱的？在角色表演的过程中，选手往往没有办法将原因进行多元化的展示，只能选择众多原因中的某一个原因进行展示。在阐述的过程中，选手也没有将原因进行多元化分析。于是评委追问：你认为小明是不是故意的？评委的提问蕴含了对小明捣乱行为的背后存在多种原因的提示。如果此时选手能敏锐地捕捉到评委提问中包含的这一信息，在回答评委提问的过程中及时补充针对各种不同的原因的多种解决和处理方案，那么选手对这个问题的处理方案就会趋于完善，回答就会有质的提升。

③指向具体操作方法。评委更倾向于听到选手表述解决问题的具体操作方法。比如，在某次大赛中，有一个选手提到了“南风效应”。评委便追问他在实际操作中是怎样具体利用南风效应的。因此，选手不能仅仅停留在搬弄教育术语的“掉书袋”阶段，而要有意识地将这些理论具体化、可操作化。

第三节　情境模拟的关键之钥

和中小学班主任基本功大赛的其他模块相比，情境模拟模块对选手的挑战是全方位的：抽题之后只有 5 分钟的准备时间，准备时间短；选手要进行演、说、辩等多种活动，考察的技能类型多；专家的提问及助演的行为不可控等。情境模拟是中小学班主任基本功大赛中公认的难度最大、最具挑战性的环节，是对班主任的综合素养和专业能力的全面检阅。结合选手的比赛体验及评委的现场感受，笔者认为，有无问题诊断能力、原因探究能力、有效应对能力、临场应变能力是班主任在情境模拟模块能否有出色表现的关键之钥。本节主要结合选手在大赛中的表现对这四把关键之钥的作用进行探讨。

一、问题诊断能力

大赛中的情境模拟题目，源自真实的班级管理实践，绝大部分表现为班级管理中的难题和困境。和现实中的班级管理难题一样，情境模拟题目中的冲突并不是单一和线性的，而是具有高度的复杂性和模糊性，包含多种问题和矛盾。选手首先必须对情境进行诊断，乱中求序，从一团乱麻的“垃圾箱”中找到核心的问题和主要的矛盾。问题诊断的目的是判断案例情境中的主要问题，这一步骤解决的是“是什么”（what）的问题。通过问题诊断，选手对案例中的各种复杂因素进行全面分析和整体判断，透过表面的现象看到问题的本质，精准判断案例中问题的性质、所属的班级管理问题的类型。问题诊断为后续的问题解决竖起了瞄准的靶子，这对选手的能力提出了较高的要求。

【案例情境】

因为高一（3）班班主任吴老师是第一次带班，没有什么经验，所以上学期班级各项评比成绩都落后于其他班级，吴老师很着急。于是，这个学期她想了一个办法，在班里秘密指定了三个信得过的孩子当起了“眼线”，要求他们随时向她汇报班里的情况。最初的两个月里确实很见成效，因为通过“眼线”们来自内部的报告，吴老师能很准确地发现班里的非正常因素，并立即将它们消灭在萌芽状态，班里一时间风平浪静。可是后来吴老师在批改学生的随笔时，发现有学生在其中写道怀疑班里有“内奸”。如果你是班主任吴老师，你该怎么办?

【选手表现概要】

这个案例的问题看上去是有同学怀疑班里安插了“内奸”而引发了班级风波，其背后深层次的问题是班主任吴老师了解班级情况的策略不得当，以及导致吴老师实施安插“内奸”这种班级管理举措的班级管理观念不恰当。学生在随笔中写下的怀疑，已经体现了学生对班级的现状感到不满。如果班主任吴老师不立即反思自己的班级管理观念，并调整做法，那么班级管理的正常运行将会受到严重的影响。如果我是吴老师，我打算从以下几个方面着手……

点评：

这一案例包含了较为复杂的矛盾和问题。比如，班主任吴老师是新手班主任，上学期第一次带班，班级各方面表现都很糟糕。面对这种情况，班主任吴老师把设立“眼线”当作改良的举措，这种归因是否合理？新手班主任第一次带班，究竟该从哪些方面入手？另外，通过“眼线”获取“情报”是不是了解班情和学情的恰当手段？利用“眼线”提供的“情报”将班级非正常因素消灭在萌芽状态，是不是真正解决了班级中存在的问题？学生怀疑班级里有“内奸”说明了什么？面对这些复杂的矛盾，这位选手透过表层现象直达冲突的核心问题，那就是班主任吴老师不恰当的班级管理观念。应该说，抓住了这一问题，后续对原因的探究和解决策略的提出就顺理成章了。

二、原因探究能力

确定了情境中的核心问题之后，选手接下来的任务就是要对问题产生的原因进行探究。原因探究这一步骤解决的是“为什么”（why）的问题。根据情境中的具体信息，对影响问题产生的所有因素进行全面、细致的梳理，找出这些因素与问题之间的因果关系，并根据一定的维度和重要性进行排序，为后续问题解决策略的提出提供方向和依据。在真实的班级管理实践中，任何班级教育问题都不是由单一原因造成的，而是众多因素混杂在一起的结果。这一阶段要求选手具备多角度、全方位的透视能力，要能从复杂的因素中识别出导致主要矛盾的最重要、最真实的原因。

【案例情境】

开学报到日，新接班的班主任准备为学生重新安排座位。下课后，小鑫找到班主任要求换同桌，理由是：现在的同桌小红和自己已经做同桌 4 年了，两个人一直矛盾不断。桌上设置了分界线，只要小鑫超过一点点，小红就会狠狠地撞过去。小鑫还特别强调，之前的老师都不知道两个人有矛盾，因为自己不想麻烦老师，但现在自己已经实在没法继续忍受和小红做同桌了，才趁此次换座位的机会寻求老师的帮助。作为班主任，你会怎样处理呢？

【选手表现概要】

小鑫找到新接班的班主任要求换座位，我认为主要有以下几方面原因。一是生源性方面的原因。首先，同桌小红比较注意捍卫个人权利；其次，小红习惯用“肢体冲突”的形式来维权；最后，小鑫和小红都不能与对方建立良好的人际关系，都不能做到体谅对方。二是师源性方面的原因。前任班主任不注意了解学情，不能及时发现同学之间的矛盾；现任班主任在接班之后也未能深入了解班级状况。三是亲源性方面的原因。小红的强攻击性可能受到家庭环境的影响等。基于这些原因，我打算采用以下策略……

点评：

应该说这位选手对案例情境观察得较为细致，分析提炼出了导致矛盾的多方面原因，并能够从生源性、师源性、亲源性多个方面对这些原因进行归纳，对问题的成因进行了较为全面、细致的分析。但在随后的情境问答环节，评委向选手提出了这样一个问题：你如何看待情境中小鑫反映的“小红和自己已经做同桌 4 年了”这个情况？选手对评委的提问始料不及，未能给出有价值的答案。应该说，评委的这一问题其实非常关键。众所周知，同桌在小学生的社会性发展中具有极其重要的教育价值，给小学生提供了亲密接触、密切互动的人际交往资源和机会，能够让小学生近距离、高频度地体验社会规则、感知友谊。不同的同桌会给学生带来不同的人际交往体验。因此，在小学阶段，班主任应建立同桌更换的机制，让小学生有机会和更多同学成为同桌，从而促进小学生的社会性发展，使其有能力在未来的人生阶段适应不同的同伴。从这一角度来看，小鑫整整 4 年没有更换同桌，这反映出前任班主任教育观念的欠缺。而在比赛中，选手没有从这一角度对案例进行剖析，不得不说是有些遗憾的。

三、有效应对能力

在对情境中的核心问题进行原因探究之后，选手应该针对前面归纳的各种原因，提出解决问题的策略，并予以有效实施。这一步骤解决的是“怎么做”（how）的问题。可以说，前述的问题诊断、原因探究，其根本目的就是为提出解决问题的策略做准备。因此，问题解决策略是否有效，决定了选手水平的高低。

【案例情境】

六年级女生小辰第一次来月经，因为没有经验也没有准备，裤子、椅子都被弄脏了。坐在她后面的小何看到了，在班里大声喊道：“大家快看，小辰的裤子上、椅子上都是血。”有同学大声笑了起来，也有同学偷偷地说“小辰来例假了”。小辰看到同学们的表情，再看看自己的狼狈模样，难受得趴在桌子上使劲哭。作为班主任的你刚好进教室看见这样一个场景，你会怎么做？

【选手表现概要】

我认为本案例的主要问题是学生对生理期的错误认知导致了小辰情绪失控。

案例中这一现象产生的原因主要有以下方面：一是小辰第一次来月经，对这一现象没有经验，不知道怎么处理，导致到处都是污迹；二是同学的起哄让小辰觉得这是一件羞耻、见不得人的丑事，所以感觉丢脸和尴尬；三是学校和家庭在进行青春期相关教育上做得不够到位。

鉴于上述认识，我会先请副班主任或其他科任老师帮忙管理班级、清理座位；其次，把小辰带去卫生间，帮她整理好自己；最后，采取以下措施来消除这一事件的负面影响。

①安抚情绪，正向引导，消除生理期污名化的负面刻板印象。帮小辰整理好之后，把小辰带回班级。我要当着全班同学的面，给小辰一个大大的拥抱，并用热情的口吻热烈地向她表示祝贺：祝贺你，小辰，你长大了！今天发生的事情，就是女生成长的标志，老师为你感到高兴，你也要为自己感到

高兴！然后，向小辰和全班同学简单解释青春期发育的生理知识，纠正大家对生理期的认知，让大家认识到小辰今天发生的情况是正常的，并引导起哄的同学反思自己的起哄行为，引导大家从正面积极看待这一现象。

②开展题为“我长大了”的系列教育活动。比如，开展有关青春期教育的观影活动；邀请心理教师开设相关课程，引导大家正确认识生理发育；举办以“你好，成长”为主题的成长礼，全班共同庆祝长大。

③家校协同，给孩子提供必要的指导，让孩子形成积极看待生理期的观念，指导女生学会科学、卫生地处理生理期身体的情况。

④悄悄告知全体女生，班主任在办公室特地为女生准备了一个“温暖盒”，里面有女生生理期需要的各种卫生用品。如果有突发情况，要及时告知老师，让老师帮忙处理。

点评：

这位选手在情境模拟中展示的问题解决策略，体现了非常高的专业素养。概括地说，针对女生突然到来的生理期问题，这位选手能及时安抚学生情绪，教给学生正确处理的方法，引导学生科学认识生长发育和性成熟现象，以科学的态度对待生理现象，并以此为契机，在班级中开展以成长为主题的系列教育活动，扭转学生对青春期性成熟现象的神秘化、污名化和羞耻倾向。这些策略具备以下特征：一是有较强的针对性，策略与原因相呼应；二是切实可行，操作性强；三是策略之间形成系列，有出“组合拳”的效果；四是不拘一格，富有创意，有“意料之外、情理之中”的效果，给人以茅塞顿开、眼前一亮之感。

四、临场应变能力

情境模拟最大的挑战，就在于情境充满弹性和变动不居的特征。“兵无常势，水无常形。”选手不能一味地按照自己预定的方案来表演，而要有较强的临场应变能力，能够在现场感受到助演和评委的动态及或明或暗的迹象，适时调整自己与助演、评委的互动计划，以适应情境的变化。

选手要具备教育机智，这是临场应变能力的核心。情境模拟中角色表演环节最大的风险在于助演的不可控性。尽管选手在场外准备阶段预先制订了表演的方案及与助演互动的计划，但助演的反应未必与自己事先预设的方向一致。在比赛现场，我们常常看到选手已经竭尽全力地去引导和说服助演，但助演就是拒绝选手的提议，导致角色表演陷入僵局。有时选手也需警惕，有些助演可能会脱离题目设定的轨道，出现看似跑偏的现象。选手要意识到这正是优秀选手展现教育机智的契机。在这种情况下，选手如果能够主动寻求变化，如通过巧妙、自然地转换沟通对象，巧妙地转移话题，就能够成功脱离僵化的局面，使交流步入正轨。

情境模拟中情境问答也是考验选手的临场应变能力即教育机智的关键环节。如前所述，在这一环节，评委会根据选手在角色表演、案例阐述中的表现进行追问。评委的追问，有的指向选手对案例定性的偏差，有的指向进一步的补充、说明，有的指向具体的操作方法。选手要听清问题的指向，发挥教育机智，准确领会评委的提问意图，有针对性地回答。与此同时，选手还可以利用回答的机会对自己在之前的角色表演和案例阐述中的不足进行补充说明。比如，针对未能与其他助演进行交流的情况，选手可以这样交代：“刚才在角色表演中，因为时间的关系，还有几个方面我没有来得及展开。后续我打算继续做以下工作……”针对角色表演中助演带歪节奏、偏离常规的现象，选手可以这样进行简要的说明：“在角色表演中，助演老师是这样做的……为了表演的顺利进行，我刚才没有纠正。事实上，在这种情况下，学生更可能的做法是……如果是这样的情况，我觉得更合理的对策是……”针对评委指出的问题，选手可以这样回答：“感谢评委老师的提醒，刚才我没有注意到……现在看来，我应该再从以下几个方面来改进……”在情境模拟中，选手如能敏锐地感受到形势的变化，并能及时进行上述调整和补充说明，选手的教育机智就能得到较为充分的展现，从而给评委留下深刻印象。

第四节　情境模拟示例解析

一、案例 1:“追星族”现象

（一）案例情境

上个月，八（1）班小云的妈妈打电话给班主任张老师，诉说自己的烦恼。小云的妈妈说，女儿为了给偶像过生日，竟然把 1000 元压岁钱转给了粉丝应援团，说是要给偶像一个大大的惊喜。妈妈责备小云乱花钱，她却说偶像是自己的心灵支柱，比自己的生命还重要。小云的妈妈说，先前女儿追星只是买明星的海报、照片等贴在房间的墙上。后来女儿加入了一个“饭圈”，放学回家后就要拿手机浏览有关偶像的视频、新闻，耽误了大量的学习时间，还经常向她要钱，说是要支持偶像，连平时的好朋友都不联系了。现在，小云说要请假去参加偶像的线下见面会，妈妈不同意，小云就嚷着要离家出走。如果你是班主任，你将如何教育引导呢？

（二）问题诊断

这则案例有以下几个关键情节值得关注。第一，冲突的直接引发点是妈妈不同意女儿请假去参加偶像的线下见面会，女儿小云嚷着要离家出走。这里反映出亲子沟通方式和效果出现了问题。第二，八年级学生小云追星的程度越来越深，追星的方式也逐渐升级，出现了非理性追星的状况。第三，对于女儿的追星，妈妈只是从“乱花钱”“耽误学习时间”的角度去看，对于这一阶段青少年追星背后的价值引领缺乏认识。从总体上看，这些情节的共同指向表明，本案例的核心问题是因中学生的非理性追星而引发的亲子冲突。

（三）原因探究

案例中冲突的发生主要有以下三个方面的原因。

第一，从学生的角度来看，八年级学生小云非理性追星，对偶像极端崇拜是根本原因。小云认为偶像已经成了她的心灵支柱，甚至比自己的生命还重要，这体现了追星观念的偏颇；另外，小云投入了大量的金钱、时间，甚至请假去参加见面会，这体现了追星方式的不理智。追星观念和方式的偏差背后，体现的是小云偶像观、价值观的偏差。

第二，从家长的角度来看，妈妈对于孩子追星缺乏正确的认识，不能对孩子进行有效的沟通和引领，对孩子的手机使用、金钱消费缺乏监督管理的能力。

第三，从班主任的角度来看，班主任没有及时关注到小云过度追星的现象，未能及时、充分地进行家校沟通，也没有在平时班集体建设和管理的过程当中对中学生追星现象给予重视，通过采取一定的方法和策略，引导班级形成积极向上的风尚。

（四）角色表演设计

1. 与家长交流

“小云妈妈，我非常理解您的心情。现在小云处于初中阶段，即将面临中考，您非常担忧她的成绩。（共情理解）您在小云最开始追星的时候，有没有采取一些方式来正确地引导她？我建议您可以跟她进行一次深入的交流。（传递理念）当然，在手机以及零花钱的使用上，我也希望家长能够帮她进行合理的调控。另外，我们要引导孩子在学习之外发展一些兴趣爱好，这样既能够保证她学习生活的正常进行，又能够丰富她的精神生活。您觉得怎么样？（方法指导）”

2. 与小云交流

和小云妈妈交流之后，班主任应第一时间找到小云进行沟通。

“小云，你可把老师急坏了。其实你不是想离家出走，你是想要去参加偶像的线下见面会，是吗？你的偶像是谁啊？啊，国庆期间老师也看了他主演的电影，他确实称得上是当代青少年的偶像，老师也很喜欢他。（利用自己人效应，与学生共情。）

“但是小云，你有没有思考过离家出走会让妈妈非常担心？老师还要提醒你，在追星的过程中，你不仅投入了金钱，而且影响了正常的学习和生活。（对学生与家长不当的沟通方式及过度追星行为给予温馨提醒。）你要知道，优质的偶像更需要优质的粉丝。所以，在中学阶段，我们是不是可以考虑通过别的方式如让自己变得更好，从而向偶像靠近呢？（价值观引领）”

（五）问题解决思路

首先，班主任自身要树立明确、积极、理性的偶像观与教育观，要认识到初中生崇拜偶像，出现追星现象，其实是青少年成长过程中一种正常的现象，不能予以全盘否定。但在表达了理解之后，班主任需要做出积极的引导，化解追星、“饭圈”等负面文化影响，加强对青少年的人生规划指导。

其次，对家长现在存在的焦虑情绪给予充分理解和共情，在此基础上予以开导。针对小云的情况给出建议：一是在孩子的手机、金钱使用上，引导家长在充分尊重、友好协商的基础上与孩子达成科学、合理的约定；二是引导家长真正尊重孩子的兴趣、主体性和独立性，树立全面发展理念，营造温暖的家庭氛围，建立积极的亲子沟通方式。

最后，在与小云以及小云的家长进行个别的沟通和交流之后，班主任应在班级当中展开集体教育。班主任要意识到非理性追星绝非小云独有的现象，这一现象在八年级学生群体中具有普遍性和代表性。因此，这也是班级开展集体教育的一个契机。班主任可以召开题为“拒绝非理性追星”的主题班会，以点带面，对全体同学进行教育和引导。

二、案例 2：小学生“做生意”现象

（一）案例情境

近期，班长向你反映情况说，班里的小明经常在课间向同学们倒卖东西，有他从文具店买来的新奇玩具、文具，还有从自己家里带来的旧书、小玩意等。小明已经从中获利不少，还经常吹嘘自己是个成功的商人。他的学习成绩因此下降不少，可他的家长却不以为意。作为他的班主任，你怎么解决呢？

（二）问题诊断

本案例中有以下信息值得关注：一是班长来向班主任反映，这说明小明的倒卖行为与班级一直以来的观念和文化有一定的冲突；二是小明确有获利，并以此为荣，这里反映了小明具有一定的经营能力和财富敏感性；三是小明的倒卖行为对学习已经造成了较大的负面影响；四是家长的观念助长了小明的倒卖行为。综合这些信息，应该可以看出，本案例的冲突表面上直接的触发点是小明通过倒卖行为获取金钱，从而导致个人学习成绩下降；而背后更核心的问题是，家长和老师该不该鼓励学生在小学阶段树立起在班级里做小生意以获利的成功观和价值观。

（三）原因探究

为什么作为小学生的小明在班级里倒卖东西以获取利润，并有了“成功商人”的观念？这种现象的出现可以借助教育生态学的视角来分析。教育生态学认为，教育是一个完整的生态系统，影响这一系统的不仅有表层因子，而且有深层机理。从表层因子来看，似乎是这个孩子能够以倒卖各种不起眼的小玩意来满足自己赚钱的兴趣和爱好；但从深层机理来看，小学生热衷倒卖行为的背后反映的是畸形、片面的成功观和财富观。这主要体现在以下三个方面。

第一，跟当下商品经济发达，注重经济利益的社会氛围密不可分。不少家长也有意或无意地将这种观念传递给孩子，久而久之，部分小学生逐渐形成了单一、狭隘的成功观和财富观，开始用金钱作为衡量成功的标准，对成功的商人产生崇拜和向往。

第二，跟当下社会和部分家长认可、崇尚、倡导财商教育有关。不少家长觉得现代社会反正离不开交易，所以尽早让孩子接触“低进高出”的商业运作方式也不是不可以。而且孩子在买卖的过程中，还需要考虑商品的成本、价格等因素，这对于孩子的财商来说是一种很好的锻炼，所以小学生做生意的行为没有什么错。还有不少家长提供启动资金和销售渠道，支持孩子的“商业行为”。

第三，跟学校、班级对孩子的人生观、价值观教育和引导不足有关。

（四）角色表演设计

1. 与小明交流

“小明，老师听说你现在在班里用卖东西的方法赚了很多钱，是吗？老师知道你赚了钱感到很开心，老师也觉得你很聪明啊！（认同、鼓励，拉近师生心理距离。）

“做生意要计算成本和盈利，老师给你制作了一张盈亏表，让我们一起来梳理一下，你通过卖东西从班级当中收获了什么。（提供反思工具。）

“请你认真思考一下，因为这样的行为，你自己失去了什么？比如说，老师发现你最近一段时间学习成绩有所下降了。我们每个人的精力都是有限的，你花了很多的时间在进货、卖货、处理售后问题等上，花在学习上的时间就变少了。还有，你有没有因在买卖的过程中与同学发生了一点矛盾，而使同学之间的关系变得很敏感，影响到同学之间的友谊呢？通过这样一张盈亏表，你是不是发现虽然获得了一点利益，但是失去的也很多？你现在还觉得值得花这么大力气和这么多时间去这样做吗？（引导学生用辩证的眼光看待倒卖行为的全面、真实的盈亏情况，激发学生的反思意识。）

“老师非常欣赏你有经商的头脑，但是你现在是小学生，小学生的主要任务是学习。你很喜欢经商，想要做成功的商人，这很好。但你现在好好学习，今后成为更成功的商人，去做更大、造福于人类的生意，这样不是更好吗？（价值引导，提升学生格局，拓宽学生视野。）”

2. 与家长交流

“小明妈妈，最近小明在学校里面卖小东西赚了一些钱，听说您是比较支持他的。我也跟小明聊过了，做生意虽然是他的兴趣所在，但是带给他的危害也很大，如成绩下滑、人际交往也产生了一点问题。我理解您尊重孩子行为的做法。不过，他现在是小学生，在小学阶段，比做生意更重要的任务是学习。小学阶段的生意总是有限的，但如果认真学习，有了扎实的学识，就有机会做更大的、更有意义的生意，您觉得呢？

“对孩子的理想我们一定要保护，但是每个阶段与每个阶段的分工不同。现在小学阶段学好基础知识，可以为以后实现理想奠定基础，这两者并不冲突。现在孩子将全部心思都用于做小生意，已经影响到了他本阶段更为重要的学习任务，有点得不偿失，是不是？（引导家长认清小学生的主要任务，树立‘父母之爱子，则为之计深远’的育儿目标。）”

（五）问题解决思路

首先，跟小明沟通。沟通时需要注意以下两点。

第一，班主任要想方设法设计出独具匠心、富有创意的交流和引导方式，改善教育效果。班主任可利用商业中的“盈亏表”这样一种可视化的方式，引导孩子自己去想一想，看似盈利的生意中他收获的是什么、失去的又是什么，让他在对比中发现，做生意好像有点得不偿失：虽然这个行为让我挣了一些钱，但是让我失去了学习的时间，也失去了同学之间的友谊。

第二，班主任可以向学生介绍“赠人玫瑰，手有余香”的传统美德，引导学生认识到，同学之间的关系是一种非常亲密的人际关系，在这种关系中，赠予是一种更高阶状态。班主任也可以适当在班级开展跳蚤市场的义卖活动，让小明有机会发展自己做生意的兴趣，并通过义卖捐赠环节让小明体验到赠予和回馈社会的意义，从而树立更为积极的成功观和价值观。

其次，跟小明家长沟通，让家长认识到小学阶段的主要目标和任务，给家长的家庭教育指导支招。

最后，班主任要意识到，小明的行为并非个例，具有一定的普遍性和代表性。班主任应以这一现象为契机，在班级层面开展教育引导活动。比如，开展以“君子爱财，取之有道”为主题的系列班会，开展“义卖”和结对子等活动，帮助孩子们养成正确的金钱观以及价值观。

三、案例 3：班干部竞选的“官本位”迷思

（一）案例情境

新学期伊始，班主任李老师在班级群里发了一张“班干部岗位竞选表”。为了调动积极性，让每个学生都能被肯定，李老师除了设置传统的班干部岗位以外，还设立了“饮水机机长”“绿植养护长”“讲台台长”等一共 40 个岗位。可班里小红的妈妈却在班级微信群里说：“李老师，从小就让学生做官，这不是在培养官本位意识吗？有这必要吗？”其他几位家长也纷纷附和。如果你是班主任李老师，你会怎么做？

（二）问题诊断

案例中有这样一些信息值得关注。一是为了调动学生积极性和肯定每个学生，班主任李老师突破传统做法，增添了大量班干部岗位。这一做法表明，班主任李老师具有班级管理创新意识，其改革举措的出发点是正向积极的。二是小红妈妈在群里抱怨，并得到部分家长的附和，这说明家长对班干部的意义和价值的认识存在偏差。三是小红妈妈随意在班级微信群里发出负面声音，说明班级微信群管理在舆情引导上存在疏漏。综合分析上述现象不难看出，本案例的核心问题是因部分家长对班干部岗位的育人功能的认识存在偏差而导致了家校冲突现象的产生。

（三）原因探究

本案例问题产生的原因主要有以下两个方面。第一，家长对班干部职责和功能的认识存在偏差。把班主任增设班干部岗位，鼓励小学生人人担任班干部看作从小就让学生做官，并认为这样做是在培养小学生官本位意识，这反映出家长错用成人视角看待班级管理，误读了小学班级管理中班干部的角色定位、职责功能。小学班级管理中班干部的角色定位是班主任实施班级管理的小助手，更是班级自主管理的勤务员。班干部的主要职责并非管束同学，而是通过负责班级的某项工作，做班级的勤务员，来为班级和同学提供服务。实践表明，担任班干部，不仅可以为班级做出贡献，对班干部自身的成长也有着多方面的价值。①上情下达、开展活动，锻炼了班干部人际交往、组织协调能力；②承担班级重要任务，培养了班干部的主动性、责任感、自信心；③率先垂范，提升了班干部的领导力、号召力；④在班级管理工作中经常需要克服困难，锻炼了行动力、执行力和抗挫力等。

第二，家长的抱怨说明，班主任李老师在大力推行“人人有岗”的“班干部岗位竞选”创新举措之前，没有做好对家长的意见征询等前置性工作。家长的观念对学生有着潜移默化的重要影响。从家长对班干部岗位设置的误读来看，班主任李老师的“班干部岗位竞选”改革对家长观念有很大的冲击，由此也可以看出这种改革其实是非常必要的。但问题是，在推出力度较大的班级改革举措之前，班主任要提前做好家长的工作，以最大限度地统一思想，赢得家长的支持。这是班级改革得以顺利开展的前提。很显然，班主任李老师未能意识到这一点。

（四）角色表演设计

首先，班主任应在班级微信群里就部分家长的疑义做整体的回复：“各位家长，这次班级进行班干部的选拔，目的是促进学生全面发展。之所以让每个孩子有岗位，其实是给每个孩子提供发挥特长、服务班级、表现自我的机会。班级的各种管理职位都是为集体服务的岗位，学生当选班干部也并不是‘当官’。如果家长对这种做法有不同看法，可以先私信我，我们可以约时间当面详谈。”（回应家长，说明初衷，安抚情绪，并提供更合适的信息交流方式。）

其次，与小红妈妈单独交流。

“小红妈妈您好，今天之所以把您请来，是因为我发现您对于我们班级的班干部岗位竞选有一些自己的看法和想法，想邀请你来谈一谈。我发现您一直都特别支持老师的工作，之前老师发信息给您，您都能及时回复，您是一个特别关注我们班集体成长的家长。（运用自己人效应，认同家长，拉近心理距离。）

“关于您提出的问题，其实在班级里我也跟孩子们说明过了。担任班干部，不是让大家当官来管教别人。班干部最主要的任务是为大家、为班级提供服务。班干部竞聘，是给同学们提供一个服务的机会。（说明动机，澄清理念，转变家长观念。）

“这些新奇的岗位是同学们开动脑筋自己提出来的，像饮水机机长、绿植养护长，这些岗位都是班级非常需要的，而且也很有童趣。这些由自己提出来的、有趣的班干部岗位，孩子们都踊跃地去认领。小红就踊跃地竞聘绿植养护长，我还给了她一张点赞卡，她非常高兴。您也认同小学生要培养对班级的责任感和主人翁意识吧？就拿这次班级班干部岗位竞选来说，孩子们自主地提出设立新的班干部岗位，然后自主认领，班级中人人有事做，事事有人做。小红自从当了绿植养护长之后，在照顾绿植方面，责任心极大地增强了，她把这些绿植照顾得很好，不知道您发现了没有？（提供事实依据，增强说服力。）

“这段时间，不光是小红，班级里的其他同学也都发生了一些好的变化。当然，在这个事情上我没有提前和家长进行沟通交流，是我工作上的疏漏。您在群里发表意见，其实也是对我工作的提醒和建议，我向您表示感谢。不过，下一次若您有什么想法和建议，请直接私信我，我一定及时跟您沟通交流。再次感谢您对班级的关心和对我工作的支持。（承认工作的不足，委婉提醒家长注意沟通交流方式。）”

（五）问题解决思路

班主任可以借助 STAR 模型来构建自己对于这一案例的问题解决思路。

“S”，即情境（situation）。班主任面临的情境是班级的班干部岗位竞选面临着部分家长的质疑，这种质疑的背后反映了部分家长对班干部的角色和职责理解有误。

“T”，即任务（task）。班主任需完成以下两项任务：一是面对有不满情绪的家长，班主任要拉近与家长的心理距离，安抚家长的情绪，从而跟家长进行顺畅的交流和有效的沟通；二是针对家长对担任班干部就是当官，让孩子竞选班干部就是培养“官本位”意识的认知误区，班主任要去纠正家长的这一观念。

“A”，即举措（action）。第一招，理解与共情。在和家长沟通交流的时候，利用自己人效应，先肯定小红妈妈平时对班级的关注以及对班主任工作的支持，让她感觉到班主任的亲和和友善，从而提升与班主任正向交流的意愿。第二招，阐明道理。通过向小红妈妈说明班干部竞选背后的考量，介绍班干部岗位对学生多方面成长的促进作用，让家长认识到自己的认识偏差。第三招，提供证据。班主任要学会挖掘孩子担任班干部之后各方面成长的显性表现，用事实证明这项改革的成效。

“R”，即结果（result）。通过上述策略的合力，让家长切实认识到自己认识上的误区，让家长在感受竞聘班干部工作的成效的基础上，改变自己对鼓励孩子做班干部就是培养“官本位”意识的认识偏差，从而认同、支持班主任的班级管理改革举措。

四、案例 4：中秋节实践作业风波

（一）案例情境

中秋节快到了，针对五年级的学生，学校布置了中秋实践作业，其中一项是用 PPT 的形式展示自己是如何过节的。假期结束前一天，小文的妈妈在班级微信群里表示，这项作业就是给家长布置的，学生不会做 PPT，这违背了“双减”政策，还表示要去举报学校。之后又有几位家长在群里发出了相同的质疑声。作为班主任，你会怎么做？

（二）问题诊断

本案例值得关注的情节有以下几点。一是在中秋节来临之际，学校布置了中秋实践作业。这说明学校和老师较为重视在教育中渗透中华优秀传统文化，有较强的中华优秀传统文化进课程的课程资源开发和利用的意识。二是要求五年级的小学生用 PPT 的形式来展示是如何过中秋节的，这里体现了学校和老师对中秋节实践作业的认识存在一定的标准化、统一化的倾向，没有考虑到小学生的个体差异。三是小文妈妈在群里对学校布置的实践作业提出反对意见，并表示要去举报学校。小文妈妈的反对意见集中在以下方面：学生没有做 PPT 的能力，所以这项作业的实质是“绑架”家长，让家长做；学校的做法加重了学生的作业负担，违背了国家的“双减”政策。四是小文妈妈在群里的公开批评得到了部分家长的响应，风波出现了加剧的趋势。从这些情节看，以小文妈妈为代表的部分学生家长不认同学校布置的中秋实践作业是引发这一系列问题的关键。

（三）原因探究

那么，学校布置中秋实践作业是不是如同小文妈妈及部分家长所说的那样，违背了国家的“双减”政策，本质上是把作业转嫁给家长呢？应该说，家长这样的看法失之偏颇。当下，国家大力倡导中小学教育中要弘扬中华优秀传统文化，让中小学生了解、体验、践行、传承中华优秀传统文化。中秋节是中国传统节日，包含十分丰富的教育价值。因此，学校在中秋节来临之际布置中秋实践作业，其目的在于引导小学生重视、感受、体验、践行中华优秀传统文化，进而热爱中华优秀传统文化、提升民族自豪感。所以说，这一作业有非常重要的教育价值，布置这样的作业十分必要。

当然，案例中并无信息显示家长反对这一作业的教育价值，家长反对的是学校要求学生“用 PPT 的形式展示自己是如何过节的”的这种作业形式。家长认为，学校无视小学五年级学生没有做 PPT 能力的现状，要求学生完成不可能完成的作业，本质上就是把作业转嫁给家长，因此是对“双减”政策的违背。这一看法，体现了家长在两个方面的认知不足：一是家长不了解小学阶段信息技术课程及其要求，对小学五年级学生应学习和掌握的信息技术缺乏概念；二是对国家“双减”政策一知半解。

从当前长三角地区小学中信息技术课程开设的情况看，小学五年级学生已经开始学习 PPT，并掌握了制作和使用 PPT 的基本技术。早在 2000 年，教育部就印发了《中小学信息技术课程指导纲要（试行）》，决定在全国中小学开设信息技术课程，要求各地从实际出发，积极创造条件，大力推进中小学信息技术课程建设。部分地区，如浙江、江苏、广东等省份已经把信息技术纳入高考科目。目前，我国长三角地区中小学已经普遍开设信息技术课程。浙江省小学五年级的信息技术课程中就有学习和使用各种软件的内容，如用画图软件来修改图片、剪裁图片，用 Word 软件来输入文字、编排文章，用 PowerPoint 软件来制作演示文稿等。因此，学校向五年级的小学生布置 PPT 形式的作业，没有超越小学生的水平。

另外，从“双减”角度看，家长对相应政策的认识存在偏差。现实中很多家长并未针对国家出台的教育政策进行专门的、有针对性的学习，所以对政策一知半解。所谓“双减”，是指减轻义务教育阶段学生过重的作业负担、校外培训负担。为什么要“双减”？①作业负担过重会导致学生苦不堪言，严重影响到学生的德、智、体、美、劳全面发展和健康成长；②校外培训机构炒作渲染焦虑，裹挟全社会被动参与，严重降低人民群众的教育获得感、幸福感、安全感。从本案例的情况看，学校布置中秋实践作业，从目的上看有利于小学生体验中国传统节日的幸福感。从信息技术课程学段要求来看，PPT 的作业形式并没有脱离小学五年级学生的水平，没有超纲。从一定意义上说，PPT 形式的作业其实有利于小学生把信息技术课程的理论知识运用到实际生活中，有利于提升他们的信息素养。因此，这一作业并没有违背国家的“双减”政策。

当然，家长的质疑也并非毫无道理。小文妈妈之所以在假期结束前一天情绪激动地在群里公开质疑，并且得到了部分家长的响应，这种情况的发生大概率是因为这些家长发现自己的孩子在完成这项作业时遇到了困难。造成困难的原因不外乎有以下两点：一是作业量太大，孩子无法完成；二是作业要求过高，孩子难以达到。这也是班主任后续要努力解决的问题。

（四）角色表演设计

1. 与家长交流

首先，班主任在看到群里家长的质疑意见后，应立即给小文妈妈打电话交流。

“小文妈妈，您好！我看到您在群里发表意见，说对中秋节实践作业有一些自己的看法。我想咨询一下，小文目前的难处是什么？您有没有好的建议？

“是这样的，孩子到了五年级，信息技术水平也是要进一步提高的。我事先跟信息技术老师交流过，他表示可以让孩子试着做一做 PPT。现在孩子到了高年级，有些事情应该放手让孩子去试一试。关于小文做 PPT 的能力，请您放心，信息技术课上老师教过他一些知识。若他在尝试的过程当中遇到了困难，您可以跟我说，我一定会及时帮助他。

“如果小文确实不会做 PPT，那么我要向您道歉。我会跟信息技术老师再做进一步的沟通，请他针对孩子们在完成这次 PPT 的过程中遇到的具体难点进行指导。”

其次，与其他附议的家长交流。

“家长您好，小文妈妈在群里提出了一些问题，我看您也给予了回复，孩子是不是在完成作业的过程中遇到了困难呢？我刚才也跟小文妈妈沟通了，后面我会针对孩子们的具体困难，请信息技术老师对孩子们进行指导。另外，后续我也会征求孩子们的意见，对作业形式进行调整，鼓励孩子们用多样的方式来完成。”

2. 与小文交流

“小文，你做 PPT 时遇到了一些困难，是吗？没有关系，咱们试着做一做，好不好？在尝试的过程中，我们才能发现问题、解决问题，对不对？如果你遇到了难处，可以来找信息技术老师寻求帮助。完成自己的作品，我们会很有成就感，对不对？

“下次遇到困难，其实你可以大胆告诉妈妈，请她放手允许你试一试。不去尝试，你自己都不会知道原来自己有这么大的潜力！”

（五）问题解决思路

本案例主要考察班主任的以下能力。一是辩证、全面地看待家长意见的能力。一方面，班主任要认识到，学校给五年级的学生布置中秋实践作业的做法，是鼓励学生积极参与和体验中华优秀传统文化之举，值得肯定和推广，并没有违背国家的“双减”政策；另一方面，尽管信息技术课上已经传授了 PPT 制作的相关内容，但是对于部分五年级小学生来说，用 PPT 来展示中秋节活动仍然是较大的挑战，客观上加大了部分学生完成作业的困难。班主任要针对不同学生的实际能力，因材施教，布置多元形式和不同要求、不同难度梯次的作业。二是有效地与家长沟通的能力。班主任要平复部分家长的情绪，达成教育共识。基于上述分析，班主任可以尝试以下策略。

家校沟通方面，班主任需要看见需求，转变认知。班主任要及时与在群里发声的家长沟通，安抚情绪，防止舆情升级。分别与各位家长沟通、跟孩子沟通，明确此次作业的目的与意义；介绍小学信息技术课程内容和国家“双减”政策，对家长的相关认识偏差进行纠正。

学生指导方面，班主任要理解孩子的焦虑，通过调查，了解孩子的具体困难并给予切实帮助。

集体教育方面，班主任要以此事件为契机，通过班会等形式对学生进行集体教育。鼓励孩子自立自强，学会有困难及时向老师寻求帮助。

同事协作方面，班主任今后在设计综合实践活动这类活动时，要有学科协同意识，事先向相关学科同事咨询，以提升活动的科学性和可行性。

五、案例 5：班主任模仿秀

（一）案例情境

高一（1）班的小奇很有表演天赋。近日，班里课间休息时很多同学聚在小奇身边聊天，聊着聊着还哈哈大笑。原来是小奇在短视频平台上上传了模仿班主任的视频。视频里“班主任”批评学生时表情和动作夸张，颇具喜剧效果，吸引了很多人观看。今天上课小奇迟到了，班主任气急败坏地吼了句：“小奇，你怎么又迟到了！”班级同学突然就哄堂大笑起来。如果你是班主任，你会怎么办？

（二）问题诊断

这一案例中有这样几个情节值得关注：一是小奇很有表演天赋，这是导致事件发生的能力基础；二是小奇上传了模仿班主任批评学生的短视频，颇具喜剧效果，在网上深受欢迎，流传颇为广泛；三是小奇的模仿视频引起了同学们的兴趣，并且在班主任批评小奇时全班哄堂大笑，大笑的背后体现的是全班学生的起哄、对班主任管理行为的调侃。综合这些情节看，这个案例的核心问题是在当前互联网环境及视频类自媒体大热的背景下，班主任该如何应对学生对自身班级管理行为的调侃，以及如何引导学生合理使用网络。

（三）原因探究

案例中事件的产生，主要有以下几方面原因。第一，小奇自身的兴趣和爱好使然。小奇本身有表演天赋，比较爱模仿，也很有表现欲，短视频对他来说有很大的吸引力，可以展示自己的才华。第二，小奇选择模仿的，主要是班主任批评学生的行为。从这里可以看出，班主任平常的教育和管理风格比较简单、粗暴，给学生留下的更多是反面的印象。从这一情况看，班主任需要反思自身的言行。第三，小奇在视频中对班主任批评学生的表情和动作加以夸张处理，从他所处的年龄阶段来看，小奇这样做的目的主要是希望获得大家的关注。这样的行为也许并没有太多恶意，但他并没有意识到他的行为可能会恶化教师的社会形象，对班主任及教师群体造成伤害。第四，这一事件反映出在视频类自媒体盛行的时代，学校和家长对于中学生如何合理使用网络、如何平衡学习与娱乐的时间等问题重视不足，缺乏必要的引导。

（四）角色表演设计

1. 停止批评，恢复上课秩序

案例中的场景是课上。同学们的笑声是对班主任的一个提醒：在上课过程中，如果老师气急败坏地去批评某个同学，那么不仅会对课堂秩序产生干扰，也会影响到同学们的学习心境和情绪。所以，班主任首先要停止对小奇的批评，先恢复正常的上课秩序，等下课后再去找小奇了解事情的原委。

2. 与小奇单独交流

在与小奇单独交流之前，班主任应首先搜索并观看小奇上传的相关视频。看过视频之后，再去找小奇单独交流。

“小奇，老师看到你上传的视频了。我看到下面有很多的评论，还有很多人喜欢你的视频，我也很喜欢。不过，虽然我看的时候很开心，但是其实也感觉有点难堪。从老师的角度看，你的视频给人的感觉好像老师在班级里一直都在批评同学。是不是你觉得我在班级里批评大家的次数太多了？所以老师也很感谢你，因为你让老师看到了自己的缺点，有的时候在情绪控制上面，我还是存在一定问题的。不过，因为网络是个大环境，很多人其实不了解我们学校里面发生的情况，只选择拍摄老师批评同学的行为，很容易让人家对老师产生完全负面的评价，这样对学校、对老师就会有不好的影响。

“老师建议，如果你以后发现老师在某些地方处理得有问题，你可以先表演出来，再把拍摄成的视频给老师看看，让老师去反思一下具体有什么问题。另外，老师希望你能再去找找我们学校里面的一些闪光点。我们的校园生活是丰富多彩的，老师的形象也是多元化的，同学们之间也有很多有趣的事情发生。我们可以从中挖掘一些既能让大家喜欢又有趣的东西，把积极阳光的校园生活展现出来，让大家对老师、对同学、对我们现在的校园环境有一个更全面的了解。

“老师还想提醒你要防止被网络控制。刷短视频时，你会感觉时间很快就过去了。像你今天迟到，是不是也跟刷短视频有关系？你要注意处理学习、进行体育锻炼和拍摄视频这个兴趣爱好之间的关系。”

3. 与家长交流

“小奇妈妈，您好。今天小奇上学迟到了，您知道吗？我今天看到小奇拍摄的视频了，也跟他沟通过了，他昨天因刷短视频睡得太晚，所以今天迟到了。今天我给您打这个电话，主要是想请您关注一下小奇拍摄视频这个情况。作为老师和家长，我们需要更好地去引导小奇，因为孩子的自控能力差，再加上网络上的信息鱼龙混杂，所以，在这个阶段，我们还是要做好引导工作，帮助他学会合理地分配时间，协调好自己拍摄视频的兴趣爱好和学习以及进行其他活动之间的关系。”

（五）问题解决思路

本案例中班主任主要应解决以下问题：一是引导小奇树立从积极正面的角度发挥自身模仿特长的意识和观念；二是引导小奇认识到这类视频在网络上的广泛传播对学校和老师的负面影响；三是在班级中给予小奇这类有模仿、表演天赋的孩子展现自己的机会，让他们能够在保证学业的前提下继续发挥自己的特长，做到因材施教。班主任可以采取的主要措施有以下几点。

1. 全面了解，因势利导

全面了解包括了解小奇在平台上发布的视频，了解小奇拍摄视频背后动机，了解家长对小奇拍摄视频的态度。在全面了解的基础上，先肯定小奇的兴趣和行为的优点，让他感觉到老师对自己兴趣和特长的欣赏，增强他的成就感，化解他对老师的负面印象。同时，老师要注意引导小奇，让他认识到现实生活中也有很多让他展示和得到别人赏识的机会，让他能够慢慢地把注意力从虚拟的网络世界转移到现实生活中来。

2. 积极肯定，正向引导

小奇拍摄、上传的视频，其内容都是老师批评学生，并进行了夸张的处理。针对这一倾向，班主任在肯定小奇的表演天赋之后，要引导小奇认识到网络中鱼龙混杂的信息，很容易引发舆论。班主任不应该完全阻止中学生使用网络，但必须合理引导，使网络发挥正向功能。

3. 活动育人，发挥才能

对于小奇这类有表演天赋和拍摄才能的同学，在学校和班级的活动中，班主任应创设条件，给他们提供展现自己才能的舞台。同时，班主任也可以在他们的职业生涯规划过程中进行适当的引导，让他们找到更感兴趣、更适合个性发展的职业方向。

当然，班主任也应从这一事件中吸取教训，反思自身言行，树立正向教育观念，减少对学生的批评和消极评价，多从正面对学生进行鼓励。

主要参考文献

[1] 瓦·阿·苏霍姆林斯基．给教师的建议（修订本　全一册）[M]. 杜殿坤，编译．北京：教育科学出版社，1984.

[2] 丹尼尔·平克．全新思维：决胜未来的 6 大能力 [M]. 高芳，译．杭州：浙江人民出版社，2013.

[3] 张万祥．班主任专业成长的途径——40 位优秀班主任的案例 [M]. 上海：华东师范大学出版社，2008.

[4] 李秀萍．不一样的班级管理：价值观教育的实用策略 [M]. 上海：华东师范大学出版社，2014.

[5] 张万祥．苏霍姆林斯基教育名言 [M]. 天津：天津教育出版社，2008.

[6] 丁如许．魅力班会课：小学卷 [M]. 上海：华东师范大学出版社，2009.

[7] 房基，祁晶．高中生对德育故事的偏好和批判精神的调查与思考 [J]. 中国德育，2011（8）.

[8] 张万祥．班主任要善于讲故事 [J]. 班主任之友，2009（3）.

[10] 刘京翠，王飞，李蒙．北京市中小学优秀班主任的成长轨迹与规律 [J]. 中国德育，2015（14）.

[11] 田春利．重点高中班主任班级观念的实证研究 [J]. 长沙大学学报，2002（1）.

[12] 莫丽平．中职班主任德育工作现状与分析 [J]. 卫生职业教育，2015（1）.

[13] 左群英．体验：让德育活动走进学生心灵 [J]. 中国教育学刊，2017（4）.

[14] 刘永存．实践·反思·重构：优秀班主任专业成长路径的个案研究 [J]. 中小学管理，2014（6）.

[15] 徐敏娜．中小学班级目标的制定技术 [J]. 基础教育，2008（7）.

[16] 李玉明，梁秀香．我国中小学班会课研究述评 [J]. 上海教育科研，2015（1）.

[18] 刘煜民 . 当前小学主题班会存在的误区及对策研究 [J]. 辽宁教育行政学院学报，2007（1）.

[19] 江学斌 .“立意”与“起点”——谈主题班会课的组织 [J]. 班主任之友，2006（9）.

[20] 陶行知 . 生活即教育 [M]. 武汉：长江文艺出版社，2021.

[21] 高德胜 . 生活德育简论 [J]. 教育研究与实验，2002（3）.

[22] 刘惊铎 . 体验：道德教育的本体 [J]. 教育研究，2003（2）.

[23] 米潇，杨道宇 . 故事的道德教育力量解析 [J]. 教育评论，2013（4）.

[24] 宋振韶，金盛华 . 情感体验：教育价值及其促进途径 [J]. 教育科学研究，2009（1）.

附录　中小学班主任工作规定

第一章　总　则

第一条　为进一步推进未成年人思想道德建设，加强中小学班主任工作，充分发挥班主任在教育学生中的重要作用，制定本规定。

第二条　班主任是中小学日常思想道德教育和学生管理工作的主要实施者，是中小学生健康成长的引领者，班主任要努力成为中小学生的人生导师。

班主任是中小学的重要岗位，从事班主任工作是中小学教师的重要职责。教师担任班主任期间应将班主任工作作为主业。

第三条　加强班主任队伍建设是坚持育人为本、德育为先的重要体现。政府有关部门和学校应为班主任开展工作创造有利条件，保障其享有的待遇与权利。

第二章　配备与选聘

第四条　中小学每个班级应当配备一名班主任。

第五条　班主任由学校从班级任课教师中选聘。聘期由学校确定，担任一个班级的班主任时间一般应连续1学年以上。

第六条　教师初次担任班主任应接受岗前培训，符合选聘条件后学校方可聘用。

第七条　选聘班主任应当在教师任职条件的基础上突出考查以下条件：

（一）作风正派，心理健康，为人师表；

（二）热爱学生，善于与学生、学生家长及其他任课教师沟通；

（三）爱岗敬业，具有较强的教育引导和组织管理能力。

第三章　职责与任务

第八条　全面了解班级内每一个学生，深入分析学生思想、心理、学习、生活状况。关心爱护全体学生，平等对待每一个学生，尊重学生人格。采取多种方式与学生沟通，有针对性地进行思想道德教育，促进学生德智体美全面发展。

第九条　认真做好班级的日常管理工作，维护班级良好秩序，培养学生的规则意识、责任意识和集体荣誉感，营造民主和谐、团结互助、健康向上的集体氛围。指导班委会和团队工作。

第十条　组织、指导开展班会、团队会（日）、文体娱乐、社会实践、春（秋）游等形式多样的班级活动，注重调动学生的积极性和主动性，并做好安全防护工作。

第十一条　组织做好学生的综合素质评价工作，指导学生认真记载成长记录，实事求是地评定学生操行，向学校提出奖惩建议。

第十二条　经常与任课教师和其他教职员工沟通，主动与学生家长、学生所在社区联系，努力形成教育合力。

第四章　待遇与权利

第十三条　学校在教育管理工作中应充分发挥班主任的骨干作用，注重听取班主任意见。

第十四条　班主任工作量按当地教师标准课时工作量的一半计入教师基本工作量。各地要合理安排班主任的课时工作量，确保班主任做好班级管理工作。

第十五条　班主任津贴纳入绩效工资管理。在绩效工资分配中要向班主任倾斜。对于班主任承担超课时工作量的，以超课时补贴发放班主任津贴。

第十六条　班主任在日常教育教学管理中，有采取适当方式对学生进行批评教育的权利。

第五章　培养与培训

第十七条　教育行政部门和学校应制订班主任培养培训规划，有组织地开展班主任岗位培训。

第十八条　教师教育机构应承担班主任培训任务，教育硕士专业学位教育中应设立中小学班主任工作培养方向。

第六章　考核与奖惩

第十九条　教育行政部门建立科学的班主任工作评价体系和奖惩制度。对长期从事班主任工作或在班主任岗位上做出突出贡献的教师定期予以表彰奖励。选拔学校管理干部应优先考虑长期从事班主任工作的优秀班主任。

第二十条　学校建立班主任工作档案，定期组织对班主任的考核工作。考核结果作为教师聘任、奖励和职务晋升的重要依据。对不能履行班主任职责的，应调离班主任岗位。

第七章　附则

第二十一条　各地可根据本规定，结合当地实际情况，制定中小学班主任工作的具体实施办法。

第二十二条　本规定自发布之日起施行。

讲好
育人
故事

JIANGHAO
YUREN
GUSHI

时　间

事　项

时　间

事　项

提炼带班育人方略

TILIAN
DAIBAN YUREN
FANGLÜE

时　间

事　项

时　间

事　项

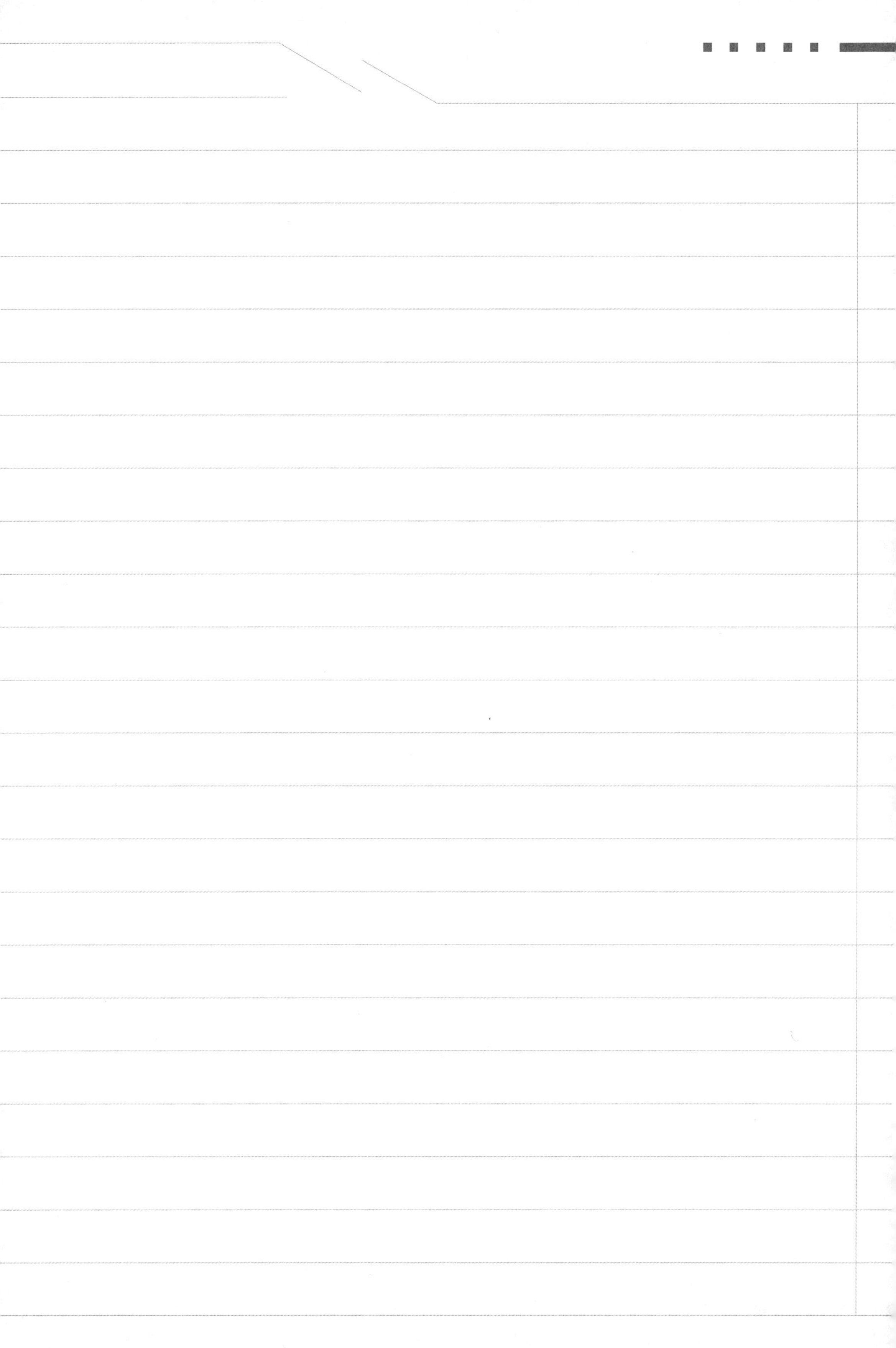

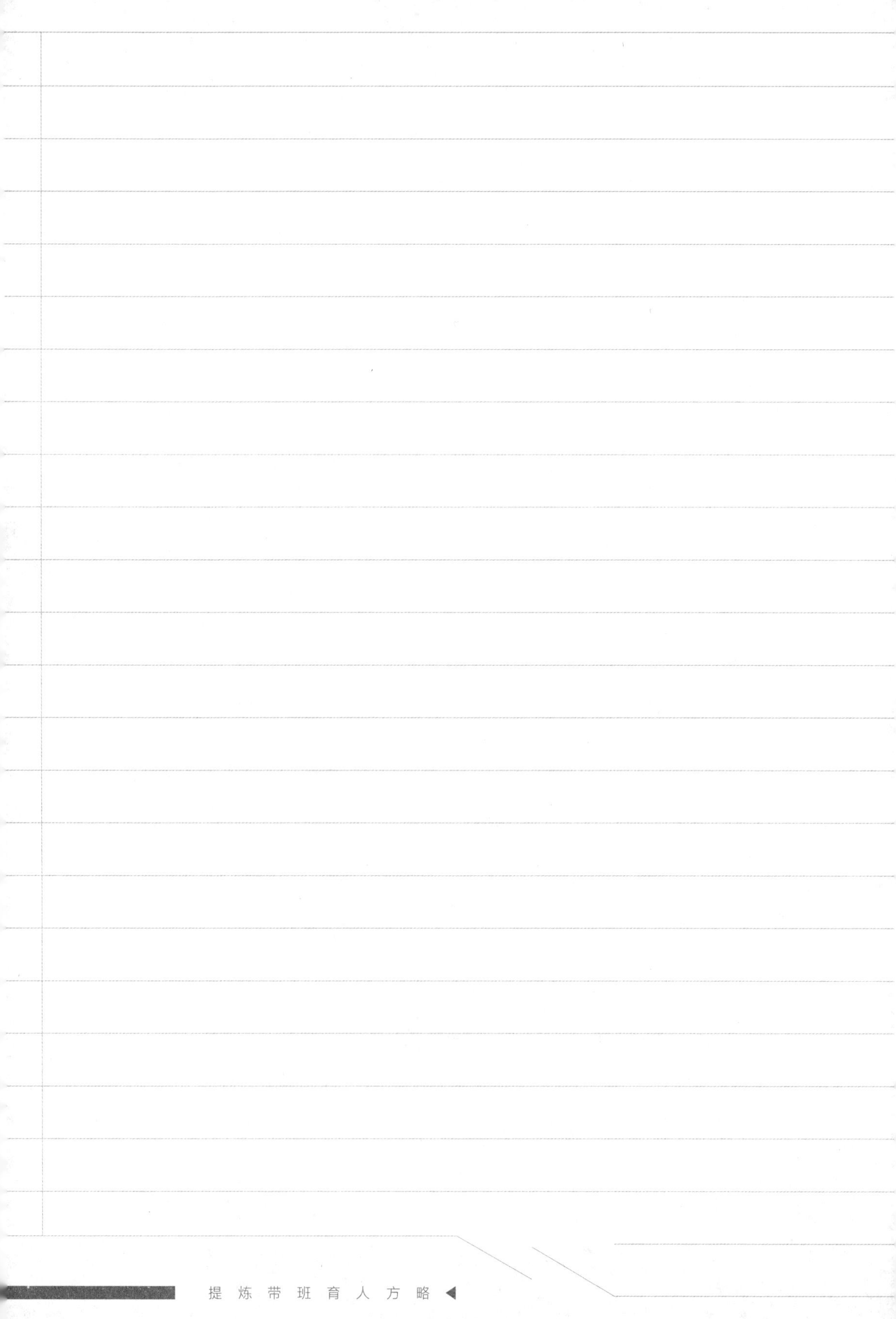

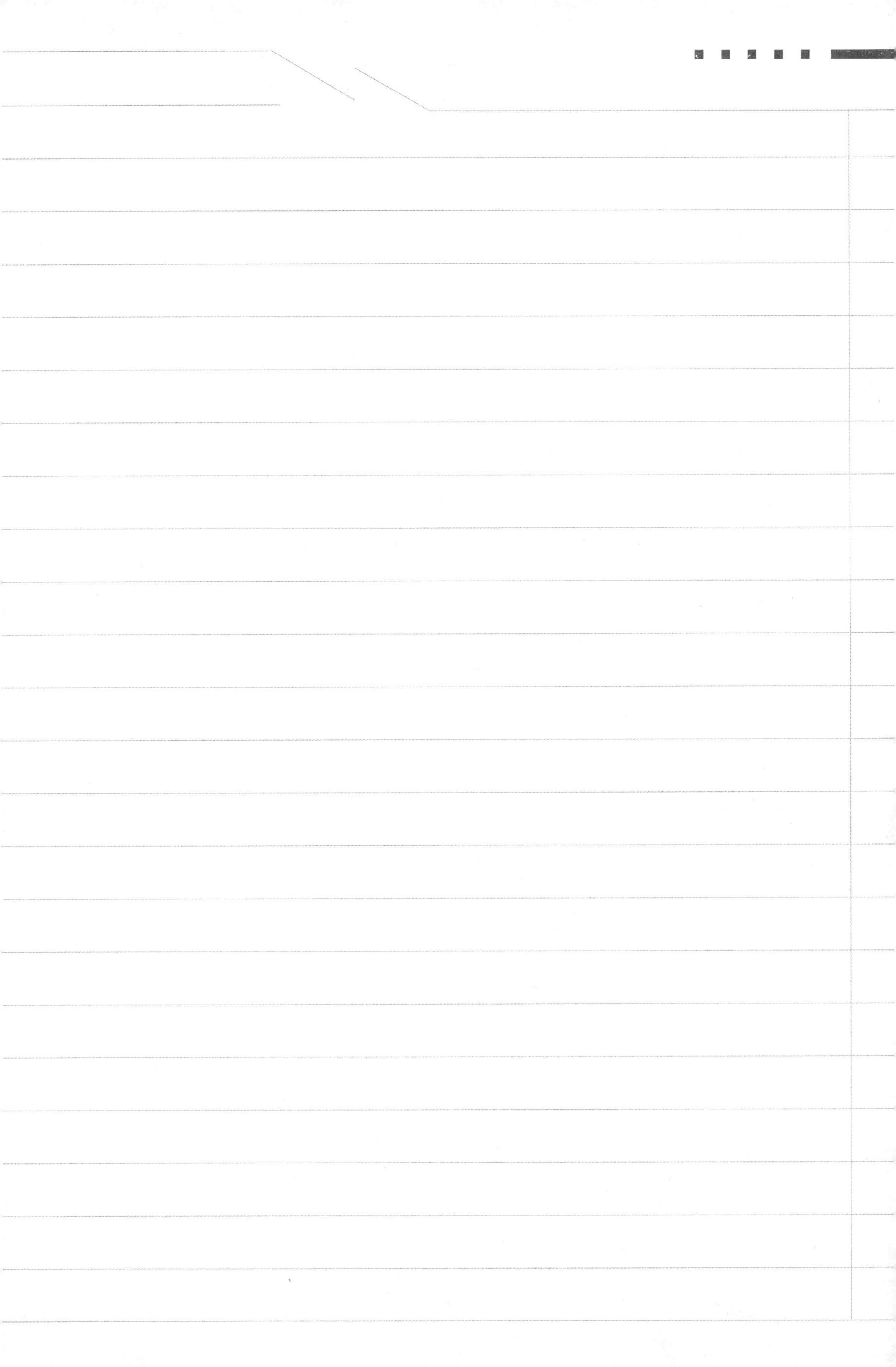

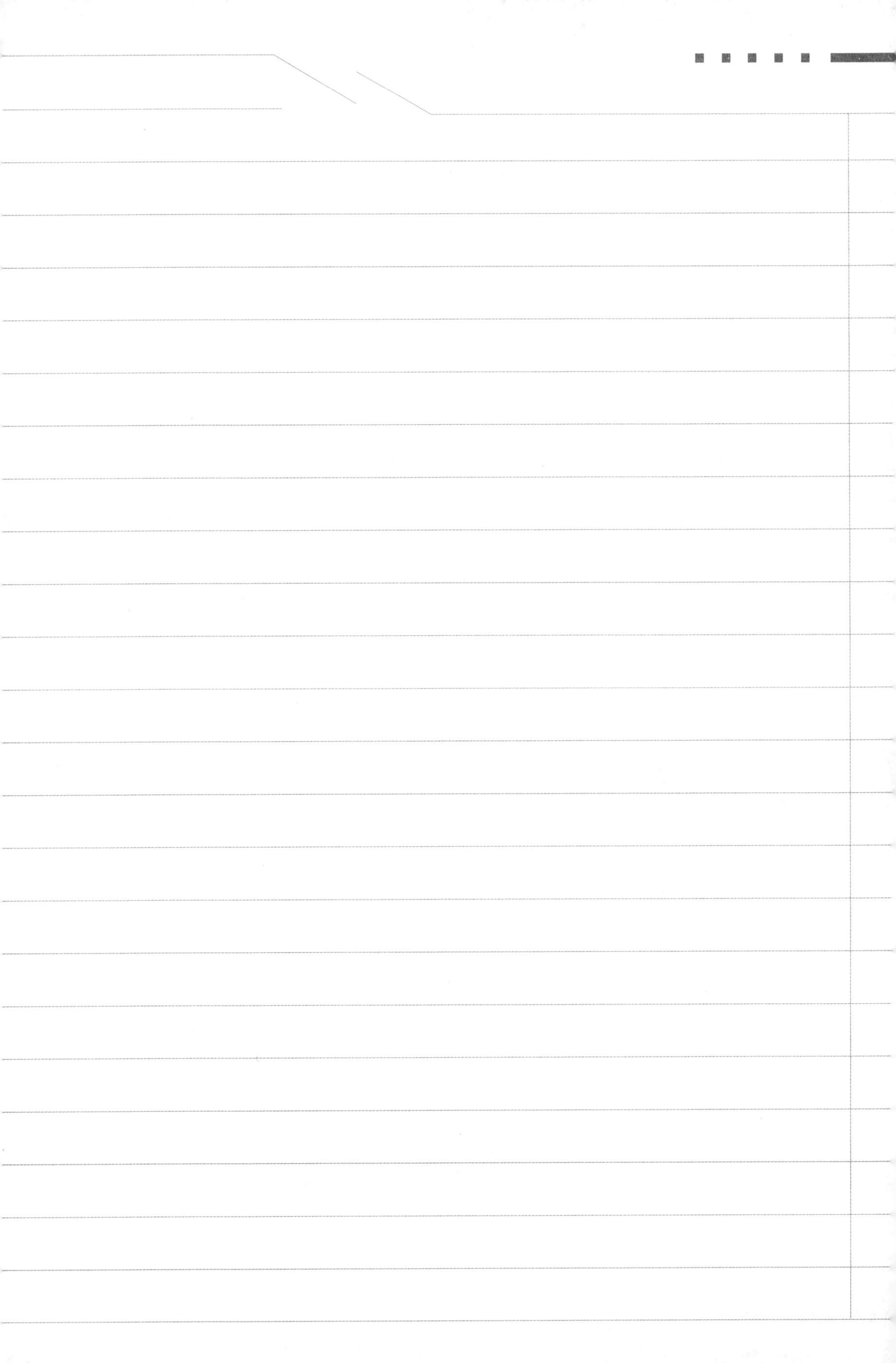

上好主题班会

SHANGHAO ZHUTI BANHUI

时 间

事 项

时　间

事　项

_____月_____日

_____月_____日

_____月_____日

_____月_____日

____M.____D.
____M.____D.
____M.____D.
____M.____D.

月 日

月 日

月 日

月 日

M. D.
M. D.
M. D.
M. D.

______月______日

______月______日

______月______日

______月______日

____M.____D.
____M.____D.
____M.____D.
____M.____D.

______月______日
______月______日
______月______日
______月______日

____M.____D.
____M.____D.
____M.____D.
____M.____D.

____月____日

____月____日

____月____日

____月____日

____M.____D.
____M.____D.
____M.____D.
____M.____D.

____月____日

____月____日

____月____日

____月____日

智慧情境模拟

ZHIHUI QINGJING MONI

DATE

THINGS

时　间

事　项

时　间

事　项